(serendii)

OCCUPY SUPER MARKET

Wolfgang Stricker

ISBN: 978-3950387889

OCCUPY SUPER MARKET

© 2015 Wolfgang Stricker

Verlag: serendii publishing Siegendorf

DREAMICON VALLEY

Inhaltsverzeichnis

Warum du dieses Buch lesen solltest!

Eine reiche Elite steuert die Welt. Sie entscheidet, was gekauft wird und welche Produkte wir gut finden. Sie definiert Trends, schafft Tatsachen, ruft Global Player ins Leben und steuert Lobbys an den Schaltzentralen der Macht.

Die Auswirkungen dieser Prozesse auf Umwelt und Gesellschaft sind nebensächlich. Was zählt, sind Effizienz, Profit, Bedarfs- und Wunschdeckung.

Klimawandel, Überfischung der Meere, Armut, Artensterben, giftige Inhaltsstoffe in unserem Essen, Überschuldung, schlechte Bildung, Lichtverschmutzung; wachsende Überwachung unserer Privatsphäre. Die Liste ist endlos. Wer weiß schon, was davon wirklich stimmt? Jede Studie hat ihre Gegenstudie. Wer kann es schon überprüfen? Wer behält den Überblick? Auf wen können wir uns noch verlassen in einer Welt, in der an jeder Ecke ein neuer Skandal beginnt, vor Vertuschung zu stinken? Uns geht's doch gut. Und überhaupt, was können wir schon ausrichten? Wer sind wir schon?

Aber sollten wir nicht etwas ausrichten können? Oder zumindest einen Versuch starten? Doch wie? Worauf kommt's an? Doch wieder das altbewährte Bauchgefühl? Oder gar Bauernschläue? Egal, was wir gegen oder gar für etwas tun; *es sollte möglichst einfach sein.* Neben der Pflege von Internetprofilen, Selfies und dem gepflegten Afterwork-Cocktail bleibt schließlich nicht viel Zeit für Dinge wie die Rettung der Welt. Keine Zeit und schon gar keine Lust, um langwierige Formulare auszufüllen, sich politisch zu betätigen oder Bäume in Nicaragua zu pflanzen. Gibt's da nicht auch irgendetwas, das Spaß macht? Was Unverbindliches und so? So zum Ausprobieren mal?

Gibt's sowas? Ja? Haben wir vielleicht etwas übersehen? Liegt der Schlüssel vielleicht sogar bereits in unserer Hand?

Dieses Buch ist nichts für Menschen, die die Welt so akzeptieren, wie sie ist. Dieses Buch ist auch nichts für Menschen, die ungern hinterfragen oder denken, keinen Einfluss auf den Lauf der Welt zu haben.

Was dieses Buch will, ist bewusst machen, vernetzen und den Nährboden für Lösungen schaffen. Alle, die daran interessiert sind, für die ist dieses Buch geschrieben worden.

Ein Kind des Konsumerismus

Es war so etwas wie ein Hobby für mich. Als ich noch ein Kind war und auch später als Jugendlicher wollte ich immer alle Produkte, die mir in die Finger kamen, ganz genau in Augenschein nehmen. Ganz egal, ob es sich um Getränkedosen, Süßigkeiten, Chips oder andere Dinge handelte. Beinahe mehr noch als der Inhalt interessierten mich dabei allerdings die Verpackungen der Artikel. Mit suchendem Blick betrachtete ich sie von allen Seiten und achtete darauf, welche Gefühle die darauf abgedruckten Motive bei mir auslösten. Wenn etwa auf einer Orangensaft-Verpackung ein Sonnenaufgang über einer tropischen Landschaft zu sehen war, empfand ich es als aufregend, ein Stück davon irgendwie zu mir nehmen zu können. Denn ich nahm an, dass der Ort, wo die Orangen geerntet wurden, wohl ähnlich aussehen musste.

Ich wusste auch, dass irgendwo auf der Verpackung nicht nur die Inhaltsstoffe zu finden waren, sondern ebenso der Name des Herstellers, der das Produkt, das ich gerade konsumierte, in seiner Fabrik hergestellt hatte, bevor es irgendwann in dem Regal im Supermarkt landete, aus dem ich es genommen hatte. Damals hatte ich noch keine tiefer begründete Veranlassung dazu, mir diese Informationen durchzulesen. Es interessierte mich bloß. Ich war neugierig und es machte mir einfach Freude, zu erfahren, dass es in einem kleinen Ort in Vorarlberg oder auch im fernen Thailand ein Unternehmen gab, das den Fruchtsaft, den ich gerade trank, in genau die Verpackung, die ich gerade in der Hand hielt, abgefüllt hatte oder dass die Schokolade, die ich so gerne aß, aus Italien kam und die Menschen dort anstatt dem bei uns üblichen AG oder GmbH ein S.p.A. oder manchmal auch ein S.r.l. hinter dem Firmennamen verwendeten. Es machte mir Spaß und stillte meine Neugierde, all die Firmen kennenzulernen, die es in der Welt da draußen gab und mit denen ich über ihre Produkte in Kontakt stand. Manches Mal war neben der Adresse sogar eine Telefonnummer aufgedruckt, um das Unternehmen direkt kontaktieren zu können, falls ein Kunde mit den Produkten nicht zufrieden sein sollte. Ich machte damals als Kind natürlich niemals Gebrauch davon. Überhaupt machte ich mir damals noch keine allzu großen Gedanken darüber so wie heute, aber dennoch erkannte ich, dass die Dinge, die meine Eltern im Supermarkt kauften, nicht aus dem Nichts kamen, sondern dass dahinter immer Unternehmen und Menschen standen, die sie herstellten.

Schöne neue Welt

Marken waren alles, Produkte allgegenwärtig, als ich in den 1980ern und 1990ern inmitten der wohlhabenden Gesellschaft Westeuropas aufwuchs. Ebenso wie die klingenden Werbeslogans, die immer häufiger auch Verwendung im allgemeinen Sprachgebrauch fanden. Es war eine bunte, farbenreiche und aufregende Welt der Vielfalt. Und ich liebte sie! Ich war ein Kind des Konsumerismus. Denn was ich damals nicht ahnte war, dass lange bevor ich diese Welt betrat, eine Entwicklung in Gang gesetzt wurde, die bis heute ungebrochen ist. In der zweiten Hälfte des 20. Jahrhunderts erlebten viele Staaten in Europa eine Blütezeit, die mit sich brachte, was wir allgemeinhin unter Wohlstand verstehen; eine nie dagewesene Vielfalt an Produkten und vor allem Ideen, die oftmals bereits länger in Amerika etabliert waren und nun auch diesseits des Atlantiks auf fruchtbaren Boden treffen konnten. So entwickelten sich auch hier immer neue Formen und Welten des Konsums. Supermärkte mit einer breiten Auswahl an Produkten zu günstigen Preisen, Einkaufszentren und farbenreich gestaltete Erlebniswelten, die Kundinnen und Kunden zu Millionen lockten und immer stärker mit Konsum verknüpft waren, wurden aus dem Boden gestampft. Dazu ermöglichten bald neuartige Vertriebsformen wie Katalogbestellung und Tele-Shopping das Einkaufserlebnis rund um die Uhr. Konsum war von einem Grundbedürfnis zu einer Freizeitbeschäftigung geworden, ja, für viele sogar zu einem Lebensinhalt!

Über die Jahrzehnte hinweg entwickelte sich eine gut geölte, globale Verkaufsmaschinerie, die Marken die Eigenschaft verlieh, Menschen in bestimmte soziale Statusklassen einzuteilen und Unternehmen Summen erwirtschaften ließ, die die Bruttoinlandsprodukte ganzer Länder blass aussehen ließen. Diese Unternehmen wurden dadurch wiederum in die Lage versetzt, ihre Konkurrenten aufzukaufen, Betriebe zusammenzulegen und so noch größere Profite zu machen. Ein außenstehender Beobachter konnte den Eindruck gewinnen, der Konsum wurde mehr und mehr zum Selbstzweck und diese Entwicklung wird erst in den letzten Jahren aufgrund der Problematik des Strebens nach unendlichem Wachstum auf einem endlichen Planeten wieder leise infrage gestellt. Es war und ist auch heute noch eine aufregende und farbenreiche Welt, die die Gesellschaft, in der wir leben, intensiv mitgestaltet, für Ereignisse sorgt, die Geschichte ein gehöriges Stück weit mit schreibt und Entwicklungen vorantreibt.

Noch heute komme ich persönlich nicht daran vorbei, die jährlichen Berichte, in denen die wertvollsten Marken der Welt aufgelistet werden, zu lesen; oder etwa Berichte über Geschäftsführer bekannter Unternehmen zu verfolgen, die Einblicke in die Erfolgsgeschichten ihrer Unternehmens geben und Erklärungsversuche starten, um den Hype ihrer Marke und die vielschichtigen Mechanismen dahinter verständlich zu machen. Einerseits interessieren mich diese Berichte und Informationen vielleicht deshalb, weil ich selbst Unternehmer bin und von daher ein gewisses Faible für diese Welt nicht verleugnen kann. Andererseits hat diese Entwicklung gemeinsam mit Berichten über interessante Marken vielleicht sogar meine Entscheidung beeinflusst, überhaupt ein Unternehmen zu gründen..? Wer weiß... Selbstverständlich hat uns die Wirtschaft des Konsumerismus, diese gut geölte Maschinerie, die durch die Möglichkeiten des Internets noch ausgefeilter und raffinierter wurde und wird, riesigen Wohlstand beschert. Sowohl in Form von Milliarden Menschen auf der ganzen Welt, die Arbeit finden und ein Einkommen beziehen können, das sie selbstverständlich wiederum als Brennstoff für diese Maschinerie ausgeben können. Vor allem jedoch „Wohlstand" in Form einer Auswahl an Produkten und Dienstleistungen, die sich unsere Vorfahren wohl nicht einmal in ihren kühnsten Träumen hätten ausmalen können.

Unser Maßstab
für Wohlstand

Der durchschnittliche Diskont-Supermarkt wartet heute mit einem Angebot von „nur" ca. 1.000 bis 1.500 verschiedenen Artikeln auf. In herkömmlichen Supermärkten begegnen uns zwischen ca. 7.000 bis 11.000 verschiedene Produkte. Übertrumpft wird diese Auswahl noch von Vollsortimentsanbietern oder so genannten Hypermärkten, die ständig ca. 40.000 bis 200.000 verschiedene Produkte für ihre geschätzte Kundschaft bereithalten. Schon diese Zahlen werden einem beim Gang durch einen Supermarkt kaum bewusst, da wir als Kundinnen und Kunden wohl eher dennoch dazu tendieren, immer wieder dieselben Produkte zu kaufen oder im Markt nur bestimmte Gänge anzusteuern. Die Anzahl der verschiedenen Produkte, die sich in modernen Shopping-Malls mit 300 unterschiedlichen Shops und mehr finden, übersteigt eigentlich bereits die menschliche Vorstellungskraft. Auf die Spitze getrieben wird diese schier unendliche Produktvielfalt dann schließlich vom Online-Handel, wo aufgrund der Tatsache, dass die Produkte nicht ständig auf Lager gehalten werden müssen und die Artikel nur in Bits und Bytes auf Computern und Tablets dargestellt werden, theoretisch eine unbegrenzte Anzahl an Artikeln angeboten werden kann. Der Onlinehändler Amazon, der ein breites Sortiment vom Buchklassiker über den Stabmixer bis hin zum Ecksofa bereithält, hatte im Jahr 2011 in seinem Deutschland-Shop beispielsweise 5,4 Millionen verschiedene Produkte gelistet. Konsumenten können heute also mit Recht über die Qual der Wahl klagen, sicherlich aber nicht über einen Mangel an Auswahl.

Täglich stehen wir vor einer riesigen Auswahl an Produkten und Dienstleistungen, die wir in Anspruch nehmen können. Die Entscheidung beginnt damit, welches Restaurant oder welchen Coffeeshop wir in der Mittagspause oder abends besuchen, welche Fluglinie wir für den Urlaub wählen oder mit welchem Mobilfunkanbieter wir einen Vertrag abgeschlossen haben, um auch mobil mit unseren Freunden in Kontakt zu bleiben. Obwohl es eine solch riesige Auswahl an Produkten gibt, die eigentlich sehr unübersichtlich ist, haben wir in der Regel den Eindruck, davon nicht überfordert zu sein und eine gute Transparenz zu genießen. Der Grund dafür mag darin liegen, dass bei unseren Entscheidungen für bestimmte Produkte oder Dienstleistungen Marken im Vordergrund stehen, denen wir vertrauen oder mit denen wir uns identifizieren können. Diese dienen uns als Orientierungshilfe. Wir kaufen Produkte von Marken, die es schaffen, uns ein positives Image zu vermitteln.

Wir gehen dann von einer bestimmten Qualität oder Beschaffenheit, manchmal sogar von einem mit den Produkten verknüpften Glücksgefühl aus, das wir uns zu erkaufen hoffen. Teils ist dieses Image oder Vertrauen durch Werbung begründet, die uns einen Ausblick auf die Produkteigenschaften und das Produkterlebnis vermittelt hat, teils hängt es aber auch mit Erfahrungswerten zusammen, die wir bereits bei früheren Käufen sammeln konnten. Viele psychologische Studien attestieren, dass insbesondere Entscheidungen, die aufgrund von Werbung getroffen werden, nur selten wirklich rationell ablaufen, sondern dass sich die zugrunde liegenden Prozesse auf einer sehr emotionalen Ebene abspielen.[i] Speziell der „Lifestyle-Faktor" hat in den letzten Jahrzehnten deutlich an Bedeutung für den Konsum gewonnen. Schließlich *brauchen* wir die meisten Produkte nicht wirklich – wir *wollen* sie!

Der beeinflusste
Konsument

Knapp 30 Minuten Fahrtzeit von dem Ort entfernt, an dem ich aufgewachsen bin, befand sich schon in meiner Jugend ein großes Shopping Center mit mehreren 100 Geschäften, Restaurants, Plazas, Cafés, Kino- und Entertainmentbereichen. Ich erinnere mich noch sehr gut daran, wie ich damals mit Freunden am Wochenende los zog, um dort einfach eine gute Zeit zu haben. Es ging uns nicht direkt darum, bestimmte Produkte zu kaufen, die wir brauchten. Es war das Erlebnis an sich. Wir sahen diese Ausflüge ebenso als Hobbys an wie mit dem Rad zu fahren, in der Werkstatt an etwas zu basteln oder Computerspiele zu spielen. Und wir waren dabei sicherlich nicht die Einzigen. Während meiner Jugend und im Erwachsenenalter differenzierte sich mein Bild von dieser schönen neuen Welt ein wenig. Irgendwann bemerkte ich, dass die Produkte selbst eigentlich immer mehr in den Hintergrund rückten. Ein bestimmter Lifestyle, das Image einer Marke oder auch Produkte, die als vermeintlich gesünder angepriesen wurden, erlangten meinem Eindruck nach unsere Aufmerksamkeit stärker als andere. In einigen Fällen bemerkte ich, dass vor allem diejenigen Unternehmen besonders erfolgreich waren, die in Medien und auch mit ihrem Filialnetz einfach omnipräsent waren und in der Werbung mitunter durch Slogans und Werbesprüche im Gedächtnis blieben, die bei näherer Betrachtung zumindest als fragwürdig zu bezeichnen wären. Es ist kein Geheimnis, dass sich die meisten Menschen bei ihren Kaufentscheidungen stark von den großen Trends und Marken leiten lassen. Nicht erst durch Ausbildungen und einige praktische Erfahrungen im Bereich Marketing habe ich erkannt, dass natürlich eben dies selbstverständlich auch die Funktion von Werbekommunikation ist. Nämlich Menschen bei ihren Kaufentscheidungen emotional, anstatt rational denken und handeln zu lassen. Sobald der Verkaufsraum betreten wird, sollte das rationale Denken möglichst ausgeschaltet werden. Im Gegenteil geht es darum, durch Farben, Formen, kognitive Botschaften und auch Gerüche Emotionen bei der Zielgruppe zu wecken, auf die diese besonders gut anspricht, um damit eine Kaufaktion auszulösen. Mich überraschte aber dennoch und das tut es noch heute, wie stark die Psychologie dabei oftmals unsere Handlungen bestimmt und wie vorhersehbar diese scheinbar sind.

Sicherlich trägt auch dazu bei, dass viele Menschen einen hektischen Alltag haben, sie die Einkäufe schnell zwischendurch erledigen möchten und nicht allzu viel Zeit und Gedanken darauf verwenden wollen, große Entscheidungen vor dem Regal zu treffen. Eine Vorgehensweise, die wir vielleicht überdenken sollten.

Die andere Seite
der schönen bunten Welt

Spätestens seit Mitte des 20. Jahrhunderts haben der Konsum und das eng damit verknüpfte Wirtschaftswachstum eine immer stärkere Rolle in unserer Welt eingenommen und sind zu elementaren Bestandteilen unseres Zusammenlebens geworden. Vielleicht sogar mehr, als uns eigentlich lieb ist.

Die Massenproduktion, die Erfindung von Supermärkten, aber auch von neuen Vertriebsmodellen und Beschäftigungsfeldern wie der Werbebranche bescherten uns eine Welt, in der sich immer mehr Menschen nicht nur die Dinge leisten konnten, die sie dringend benötigten, sondern auch solche, die sie nicht zwangsläufig benötigten, aber die sie eben einfach gerne haben wollten. Dieser Wachstumszyklus brachte es mit sich, dass wir immer neue solcher Luxusprodukte erfunden und entwickelt haben und sich vor allem auch der Dienstleistungssektor stark vergrößern konnte. Dieser schuf wiederum Jobs, wodurch mehr Menschen Einkommen beziehen konnten und damit wiederum mehr Produkte und Dienstleistungen kaufen konnten. Ein Zyklus, der immer weiter befeuert werden muss und der zum Teil, aber keinesfalls ausschließlich, zu unserem Wirtschaftssystem beiträgt, das immer nur nach mehr Wachstum zu schreien scheint, ohne dieses je ernsthaft zu hinterfragen.

Doch das Streben nach dem ewigen Wachstum ist eigentlich ein zu komplexes Thema, als dass es hier schnell abgehandelt werden könnte und es gibt hierzu weitaus kompetentere Experten, die dazu etwas sagen sollten. Mittlerweile scheint das Streben nach Wachstum ohnehin schon vom damit eng verbundenen Streben nach Produktivität überrumpelt zu werden. Denn wie der Konoz-Gründer, Technologie-Nerd und Buchautor Federico Pistono in seinem Buch *Roboter stehlen deinen Job, aber das ist OK: Wie man den Wirtschaftskollaps glücklich überlebt* beschreibt, hat uns schon längst ein ganz anderer Trend erfasst.

Selbst in den industrialisierten Ländern steigen die Arbeitslosenzahlen zunehmend an, wenngleich sie sich derzeit noch durch unterschiedliche Berechnungsarten und aufgehübschte Statistiken ein wenig beschönigen lassen. Doch wer sich Prognosen ansieht, erkennt, dass die Arbeitslosigkeit selbst in wohlhabenden Staaten in den nächsten zehn Jahren eher steigen als fallen wird.

Der Grund für die zunehmende Arbeitslosenquote liegt nicht nur in der Verlagerung von Arbeitsplätzen ins Ausland, sondern auch in der zunehmenden Technologisierung aller Bereiche. Maschinen und Computer-Technologie versetzen uns heute in die Lage, Dienstleistungen und

Produkte mit weitaus weniger menschlicher Arbeitskraft zu erzeugen als noch vor wenigen Jahren. In vielen Bereichen werden heute sogar gar keine Menschen mehr benötigt. Sie laufen vollautomatisiert.

Gleichzeitig scheint der traditionelle Mittelstandsbetrieb, der in einer Region verwurzelt ist und sich ernsthaft um das Wohl und den Arbeitsplatzerhalt seiner Mitarbeiter kümmert, immer seltener zu werden. Und selbst wenn sie es wollten, sehen sich diese Betriebe durch die Konkurrenzsituation dazu gezwungen, Maßnahmen zu ergreifen, um den Gewinn zu steigern. Hinter vielen ehemals regionalen Familienbetrieben stehen heute außerdem internationale Kapitalkonzerne, die vor allem am Image ihrer Tochterunternehmen interessiert sind, ansonsten aber selbst dem Druck der Investoren und Aktionäre ausgesetzt sind, Gewinnzahlen abliefern zu müssen und die daher an Produktivitätssteigerungen nicht vorbeikommen. Produktivitätssteigerungen bedeuten häufig erhöhte Automatisierung und damit die Entlassung teurer Mitarbeiter, Abstriche bei der Qualität oder der Arbeitsweise. Eher selten wird wohl bei Markenimage und Produktpräsentation eingespart. Dieser Aspekt bringt uns auch zu einem nächsten wichtigen Punkt. Nämlich zur Frage, wieviel das Bild von dem, was wir uns unter Produkten vorstellen, mit den tatsächlichen Produkten zu tun hat, die wir konsumieren.

Was konsumieren wir?

Es war nie einfacher in der Menschheitsgeschichte, Produkte gleich welcher Art aus der ganzen Welt zu kaufen. Dafür sorgt nicht nur das Internet, durch das wir selbst relativ kleine Betriebe am anderen Ende des Erdballs schnell finden können, sondern ebenso ein logistisches Netzwerk an Reedereien, Fluglinien sowie Bahn- und Lkw-Spediteuren, das mich mit seiner Leistungsfähigkeit und Präzision immer wieder ins Staunen versetzt!

Gleichzeitig ist es aber in vielen Fällen auch komplizierter als je zuvor, nachvollziehen zu können, welche Folgen mit einem Kauf verbunden sind. Nur bei wenigen Produkten lässt sich in den Augen des Konsumenten klar nachvollziehen, wer die jeweiligen Produkte tatsächlich produziert, wie und unter welchen Umständen die Waren hergestellt werden und wie sich das alles auf unsere Umwelt oder unsere Gesellschaft auswirkt. Noch bedenklicher ist allerdings, dass es Laien immer schwerer fällt, die Inhaltsstoffe, etwa in Lebensmitteln, Kosmetik- oder Medizinprodukten zu kennen, geschweige denn, zu beurteilen, ob diese beispielsweise tatsächlich eine positive oder negative

Auswirkung auf den eigenen Körper haben könnten. Wer weiß schließlich schon so genau, was Lecithine, Diglyceride, Kaliumsorbat (Margarine), Ammoniumsulfit-Zuckerkulör (Senf), Hydroxyethylcellulose, Zinkcitrat, Sodium-Fluorid (Zahnpasta) oder Propylene-Glyco und Sodium-Benzoate (Haarschampoo) sind oder was genau diese bewirken oder warum sie überhaupt in Produkten enthalten sind (sein müssen?). Geschweige denn, wenn es um Kürzel wie E415, E440 (Mayonnaise) oder E524 (Schokolade) geht.

Es scheint, als ginge die Transparenz mehr und mehr verloren. Wer denkt, dass Milch aus dem Supermarkt von Kühen stammt, die die meiste Zeit auf grünen Weiden stehen und Eier von Hühnern kommen, die auf idyllischen Höfen mit viel Freilauf leben, der sollte einmal mit einem Bauern über die aktuelle Situation der Landwirtschaft sprechen. Wer sich näher darüber informieren möchte, dem sei der Film *We feed the World* nahegelegt.[ii]

Dieser Film zeigt sehr deutlich, wie unheimlich maschinell unsere Lebensmittel heute vorwiegend produziert werden und wie sehr auch so mancher Bauernhof heute technisiert und computergesteuert funktioniert. Dass dabei in vielen Fällen keine artgerechte Haltung für die Tiere gewährleistet werden kann, muss wahrscheinlich nicht extra erwähnt werden.

Doch warum ist das so?

Liegt es vielleicht daran, dass es mittlerweile einfach zu viele Menschen auf der Erde gibt und leistbare Lebensmittel für alle gar nicht mehr anders produziert werden können?

Zumindest zum Teil scheint der Preis unserer Produkte im Supermarkt tatsächlich damit zu tun zu haben. Denn mit der Entscheidung für günstige Produkte geben wir Konsumenten den Märkten und Herstellern zu verstehen, dass wir uns günstige Preise wünschen. Schließlich denken wir beim Anblick der herrlich gefüllten und in hellem Licht präsentierten Gemüse- und Obstregale eher selten daran, wie genau diese wohl produziert wurden, welchen Weg sie schon hinter sich hatten oder wie hoch die Marge des Bauern am Umsatz ist. Wichtig ist uns vielmehr, dass wir uns die Produkte leisten können, die wir möchten und an der Kasse keine böse Überraschung erleben. Ich gebe zu, auch ich selbst denke viel zu selten an den Produktionsprozess und habe wie die meisten Menschen wohl auch oft gerade andere Dinge im Kopf und möchte einfach nur meine Einkäufe erledigen. Gleichzeitig sollte ein Einkauf ja auch ein positives Erlebnis für uns sein, das uns Spaß macht oder zumindest nicht allzu mühsam sein. Aber dazu später mehr.

Es gibt einen Grund dafür, warum neben der mittelpreisigen und hochpreisigen Milch im Regal auch eine Reihe von billigen Milchpackungen zu finden ist. Der Grund dafür ist: sie werden gekauft!

Denn wir alle kaufen gerne günstig ein und für alle Konsumenten gibt es verständlicherweise auch eine finanzielle Schmerzgrenze, bis zu der sie bereit sind bzw. bis zu der es ihnen möglich ist, Produkte zu kaufen. Es würde schließlich gegen wirtschaftliches Denken sprechen, dass Supermärkte uns absichtlich Produkte zu Preisen verkaufen, die weit unter dem liegen, was wir bereit wären, zu bezahlen. Selbstverständlich gibt es immer wieder Preisaktionen, wo das dennoch der Fall ist, aber auch dort mit dem Kalkül, dass wir in der Folge andere Produkte mitnehmen (und selbst hier sind es schlussendlich wir, die uns durch die Aktionspreise in die Filialen locken lassen).

Der Grund dafür, warum unsere Lebensmittel und andere Produkte immer maschineller, effizienter und billiger produziert werden, liegt also zum einen scheinbar an unserer Entscheidung im Supermarkt für günstige Produkte. Und dafür gibt es Gründe: Denn wie schon erwähnt, haben wir einerseits andere Dinge im Kopf und würde es uns wahrscheinlich überfordern, die Herkunft und Produktionsweise jedes Produkts zu prüfen. Und Tatsache ist zum anderen auch, dass selbst viele Haushalte in so genannten *entwickelten* Ländern auf ihr eng bemessenes Einkaufsbudget achten müssen und sich daher zwangsläufig für die günstigen Produkte entscheiden müssen, um sich und ihre Familie versorgen zu können.

Doch ich denke, dass es hier noch andere Potenziale gibt, die derzeit noch nicht genutzt werden. Dies wird deutlich, wenn man der Frage nachgeht, ob es möglicherweise einfach bereits zu viele Menschen auf der Welt gibt, um Produkte und dabei insbesondere Lebensmittel in einer Art und Weise zu produzieren, wie wir uns das wünschen würden. Und die Antwort darauf ist ein klares und lautes NEIN! Es gibt nicht zu viele Menschen auf der Welt.

Expertinnen und Experten auf der ganzen Welt und auch die FAO rechnen seit Jahren vor, dass die Welt-Landwirtschaft und die globale Nahrungsmittelindustrie auch heute schon in der Lage sind, problemlos 12 Milliarden[iii] Menschen zu ernähren. Also könnten wir schon heute nahezu 5 Milliarden (!) Menschen mehr ernähren, als tatsächlich auf der Welt leben. Um noch greifbarer zu machen, wie viele Menschen auf wie viel Fläche auf der Welt eigentlich leben, ziehe ich immer gerne folgendes Beispiel heran: Stellen wir uns vor, die gesamte Weltbevölkerung lebt in einer einzigen Stadt, die so groß ist, wie ganz Österreich. Und das auf einer Etage, nicht etwa in Hochhäusern. Lassen wir der Einfachheit halber einmal Verkehrsflächen und öffentliche Plätze unberücksichtigt, blieben jedem Menschen innerhalb dieser Stadt immerhin noch rund 11,5 m² Fläche zur Verfügung. Doch der Rest des Planeten wäre absolut menschenleer bzw. stünde vollkommen zur landwirtschaftlichen oder sonstigen wirtschaftlichen Nutzung zur Verfügung. Ist es tatsächlich vorstellbar, dass diese riesige Fläche nicht ausreichen soll, um die Menschen zu ernähren, die in diesem Beispiel auf der kleinen Fläche Österreichs leben?

Warum aber muss sich dann noch immer rund jeder achte Mensch auf der Welt täglich darum sorgen, ob er oder sie heute seinen bzw. ihren Hunger stillen kann oder nicht? Insgesamt sind das rund 870.000.000 Menschen oder ca. so viele, wie die Bevölkerung der gesamten Europäischen Union, der USA und Südkoreas zusammengenommen.[iv] Sie alle hungern. Und das bedeutet nicht nur, ein Hungergefühl im Magen zu verspüren, sondern es bedeutet, seine vorrangige Lebensaufgabe Tag für Tag darin zu sehen, etwas zu essen zu organisieren, anstatt sich um andere Dinge kümmern zu können wie etwa einem Hobby nachzugehen, sich fortzubilden oder sich einfach einmal auszuruhen. Wer die Maslowsche Bedürfnispyramide kennt, weiß, dass die körperlichen Bedürfnisse die grundlegende Stufe darstellen, bevor weitere Stufen erklommen werden können. Wir müssen uns also immer zuerst darum kümmern, unseren Hunger zu stillen, bevor wir uns Themen wie etwa Fortbildung, der Erlangung von Status oder gar der Selbstverwirklichung widmen können.

Offensichtlich liegt es aber nicht daran, dass zu wenig Nahrung produziert wird.

Doch wo sind all diese Lebensmittel, wenn sie nicht dort sind, wo sie von Menschen dringend benötigt werden? Ein Grund dafür dürfte darin liegen, dass in den reichen Ländern weitaus mehr Lebensmittel in den Regalen landen als tatsächlich gekauft werden (können). Der Rest, der entweder wegen geringerer Nachfrage oder weil er aufgrund von Ausschlusskriterien wie z.B. der Optik als unverkäuflich gilt (wenn auch nicht ungenießbar), landet im Müll und wird nur in seltenen Fällen sinnvolleren Zwecken zugeführt. Rund ein Drittel der weltweit produzierten Lebensmittel wird also einfach weggeworfen[v] oder oft auch schon vor dem Weg ins Regal aussortiert. Oder anders gesagt werfen wir umgerechnet Nahrung für rund 4 Milliarden Menschen[vi] bzw. viereinhalb Mal so viel wie es derzeit Hungernde in der Welt gibt, einfach weg.

Dabei dürfen wir die subventionierte Vernichtung von Ernten nicht außer Acht lassen, etwa wenn es zu Überproduktionen kommt. Im besten Fall werden dann Flächenstilllegungen angeordnet, sodass die Nahrungsmittel gar nicht erst produziert werden und auch der Boden nicht unnötig durch Spritzmittel und Dünger belastet wird. In anderen Fällen werden Überproduktionen von den Regierungen reicher Länder subventioniert, um sie von dort zu Dumpingpreisen in Entwicklungsländer zu exportieren und sie auf den dortigen Märkten noch verkaufen zu können. In diesen Märkten allerdings wird durch die subventionierte Billig-Konkurrenz aus Europa oder Nordamerika wiederum die Entwicklung einer eigenständigen Landwirtschaft eingeschränkt oder gar verhindert, da die subventionierten Lebensmittel, die über Tausende von Kilometern eingeführt werden, billiger sind als die Lebensmittel der Bauern, die vielleicht sogar im selben Ort leben.[vii]

WAS IN ALLER WELT IST ALSO DAS PROBLEM ?

Es wird offensichtlich, dass es sich keinesfalls um ein Produktionsproblem handeln kann, sondern nur um ein Problem schlechter oder fehlerhafter Verteilung der vorhandenen Lebensmittel. Denn wieder folgen auch diese dem Geld.

So ist z.B. Brasilien zwar der zweitgrößte Produzent von Sojabohnen weltweit, aber dennoch müssen viele brasilianische Familien hungern. Denn Brasilien ist gleichzeitig auch der zweitgrößte Exporteur von Sojabohnen.[viii] Das Sojamehl wird in industrialisierte Länder verschifft, wo damit Vieh für die Fleischproduktion gefüttert wird. So gehen in Brasilien und anderen Ländern riesige Ackerflächen für die Futtermittelproduktion verloren, die andernfalls auch zur Ernährung der eigenen Bevölkerung hätten genutzt werden können. Zumal für die Herstellung von Fleisch weitaus größere Futtermittelflächen benötigt werden, als um die gleiche Menge an Gemüse, Getreide oder Obst zu produzieren, das direkt zur Ernährung von Menschen dienen könnte. Ein anderer Teil wird außerdem in Biotreibstoff umgewandelt.

Auch die Gemüseernte in Kenia zeigt anschaulich, dass in unserer Welt etwas falsch läuft. Denn Kenias Böden sind dank der Nähe zum Äquator so fruchtbar, dass Brokkoli, Chili, Rosmarin, Zuckerschoten und Bohnen hier das ganze Jahr über gedeihen. Dennoch leiden rund 2 Millionen Kenianer an Hunger und ein Viertel der gut 38 Mio. Kenianerinnen und Kenianer gilt als unterernährt. Wie kann das sein in einem Land, das scheinbar selbst genügend Nahrung produzieren kann? Es ist ganz einfach – die Lebensmittel gehen dorthin, wo das meiste Geld dafür bezahlt wird.[ix] Aus unternehmerischer Perspektive ein ganz logischer Schritt! Und das ist in diesem Fall Europa. Tatsächlich wird ein großer Teil der Ernte Kenias exportiert. Während es in Großbritannien, Spanien oder Deutschland Winter ist, kommt frisches Gemüse dort gut an. Gleichzeitig bringen sich die Zielländer übrigens in eine immer stärkere Abhängigkeit von den Importen, zumal sie immer mehr potenzielle Ackerflächen als Bauland freigeben. Europa gilt heute als die Region der Erde, die am stärksten von Landflächen außerhalb der eigenen Grenzen abhängig ist.

Es ist sehr wichtig, das zu verstehen. Wie aber lassen sich die Warenströme umdrehen? FairTrade-Organisationen gehen hier seit Jahren bereits einen ersten Schritt, aber dennoch bleibt noch das Hindernis im Supermarkt, dass wir im Moment des Einkaufs eigentlich gerade nicht daran denken oder uns von Preisen leiten lassen. Doch wie können die Menschen, die etwas verändern wollen, ihre eigenen Verhaltensweisen dann ändern? Denn natürlich ist es enorm schwer, gewohnte und eingeübte Abläufe einfach zu ändern. Womöglich funktioniert dies gar nicht von heute auf morgen, sondern nur Stück für Stück. Wer wirklich etwas bewegen will und dies dauerhaft, kann sich einfache Regeln für sich selbst aufstellen. Eine Möglichkeit kann es sein, mit einer Sache zu beginnen und auf diese beim nächsten Einkauf zu achten. Nach und nach wird eine Gewohnheit daraus und irgendwann denken wir auch darüber nicht mehr groß nach und könnten uns sogar einer weiteren Sache widmen, die wir bei unserem Kaufverhalten gerne umstellen möchten.

Dabei halte ich es für sehr wichtig, dass jeder für sich seine eigenen, ganz persönlichen Regeln aufstellt, da wir alle sehr unterschiedlich ticken und jeder weiß, was für ihn am besten funktioniert und was überhaupt nicht. Ich möchte dies an einem Thema demonstrieren, das zwar mit sehr vielen Emotionen behaftet ist, aber sehr deutlich zeigt, welche Auswirkungen unser Konsum haben kann. Es soll wirklich nur als Beispiel dienen. Ich bin überzeugt, dass es in vielen anderen Bereichen ähnliche Potenziale gibt bzw. sich das gleiche Prinzip sehr einfach auf diese umlegen lässt.

In seinem viel beachteten TED Talk[x] hat der Journalist Graham Hill den Begriff *Werktags-Vegetarier* aufgebracht. So sieht er einen gewaltigen Hebel zur gerechteren Verteilung von Lebensmitteln, aber auch zum Schutz der Umwelt und der Vermeidung von Tierleid in der Verringerung unseres Fleischkonsums. Nicht nur Verkehr und Industrie sind verantwortlich für umweltschädliche Emissionen. Die Fleischproduktion hat einen wesentlichen Anteil daran.[xi] Zudem wird bei der Herstellung von 1 kg Rindfleisch bis zu 100-mal so viel Wasser verbraucht wie bei der Herstellung von 1 kg Gemüse. Hill weiß aber auch, wie schwer es ist, Vegetarier zu werden und sich als solcher zu outen. Vor allem, wenn man wie er eigentlich gerne Fleisch isst. Dennoch hat er eine Lösung gefunden, mit der sich viel bewegen lässt, wenngleich man seine Gewohnheiten nicht komplett umstellen muss und sich auch noch gut dabei fühlen kann. Die großartige Nachricht dabei: Wir müssen nicht alle Vegetarier werden! Es würde bereits viel bewirken, wenn wir anstatt 14 Mal in der Woche nur sieben Mal oder auch nur fünf oder drei Mal pro Woche Fleisch essen. Denn abgesehen davon, dass in wohlhabenden Ländern ohnehin weitaus mehr Fleisch gegessen wird als eigentlich gut für den menschlichen Körper ist, wird dieser Überkonsum auch als Ursache einer Reihe von Zivilisationskrankheiten angesehen.

Graham Hill hat für sich selbst die einfache Regel aufgestellt, von Montag bis Freitag kein Fleisch zu essen und sich die Speisenwahl am Wochenende offen zu lassen. Diese Regelung ist simpel und kann daher einfach befolgt werden. Würden wir alle nur halb so viel Fleisch konsumieren wie vorher, hat das insgesamt dieselbe Auswirkung als wäre die Hälfte von uns Vollzeit-Vegetarier, was weitaus schwieriger zu erreichen scheint.

Graham Hill hat dabei versucht, die Regel für sich so einfach wie möglich zu halten, um nicht davon abzukommen. Nämlich von Montag bis Freitag kein Fleisch zu essen und am Wochenende schon, wenn er Lust dazu hatte. Er muss dazu keine Kalorien aufschreiben, keine Listen führen oder mitzählen, wie oft er in der Woche bereits Fleisch gegessen hat oder welche Art von Fleisch. Es ist simpel, einfach und daher wirksam und auch auf Dauer praktizierbar.

Anstatt also beim Kauf von Produkten jedes Produkt einzeln zu prüfen, die Beschreibung zu lesen und die Auswirkungen zu bedenken, kann es schon einmal ein erster wichtiger Schritt und eine deutliche Vereinfachung sein, sich auf bestimmte Warengruppen zu konzentrieren, diese entsprechend zu bevorzugen oder aber auch seltener zu kaufen und sich dafür möglichst einfache Regeln aufzustellen, die sich leicht einhalten lassen.

Das können z.B. natürlich auch bestimmte Marken sein, für die man sich einmal entschieden hat, weil sie vielleicht besonders fair, biologisch oder wie auch immer produzieren, das uns wichtig ist und die wir daher im Regal bevorzugen. Auch wenn es vielleicht nicht die *preis*günstigste Wahl im Regal ist. Es macht dennoch einen Unterschied. Oder vielleicht bevorzugen wir bewusst einen bestimmten Händler, weil er diesen Extra-Service bietet, der letzte kleine Händler in der Stadt ist oder aber auch nur deshalb, weil er Lehrlinge aus der Region ausbildet.

Eine einfache Hilfe, um die eigenen Gewohnheiten Schritt für Schritt zu ändern, kann auch darin bestehen, z.B. im Alltag keine Veränderungen vorzunehmen, wenn dies schwer fällt, aber z.B. an bestimmten Festtagen oder auch bei Geschenken für Freunde auf einen bewussten Einkauf zu achten, der die eigenen

Werte exakt widerspiegelt. Natürlich je nachdem, worauf man selbst Wert legt – wenn jemand hingegen darauf Wert legt, besonders bei festlichen Anlässen eben nicht auf beispielsweise Nachhaltigkeit oder andere Werte zu achten, um eben genau dann auf den Putz zu hauen, dann kann natürlich auch das eine persönliche Einkaufsrichtlinie darstellen. Niemandem sollte vorgeschrieben werden, was er oder sie zu kaufen hat, was richtig ist und was falsch und das ist auch nicht die Intention dieses Buches! Wichtig ist, das Bewusstsein für unsere Käufe überhaupt zu schärfen. Schon wer sich nur für eine Produktgruppe oder ein Produkt vornimmt, sein Kaufverhalten zu verändern und versucht, nur dort eine für sich stimmigere Alternative zu finden, wird eine Veränderung feststellen. Davon bin ich überzeugt! Wichtig ist, dass das Bauchgefühl stimmt. Wer sich eigene einfache Regeln für den Einkauf setzt, sollte darauf achten, dass diese leicht zu merken und geeignet sind, um Schritt für Schritt die (Kauf)gewohnheiten zu ändern, die wir verändern möchten.

Wir müllen uns zu

Ein weiterer Faktor, den wir nicht vernachlässigen dürfen und der die Auswirkungen unseres Konsums betrifft, ist, dass wir uns mehr und mehr zumüllen. Unser Konsumsystem ist darauf ausgelegt, Waren jederzeit und an jedem Ort sofort mitnehmen zu können und möglichst praktisch und sicher heim transportieren zu können. Auch für Transport und Versand müssen Waren geschützt und daher verpackt werden. Kunststoff spielt dabei eine wesentliche Rolle und verschafft uns genau diese Vorteile. Genau genommen brauchen wir die Plastikverpackung, ohne die heute kaum ein Produkt mehr auszukommen scheint, nur für die kurze Zeit, während der wir die Produkte im Regal auswählen, sie nach Hause transportieren und dann entweder gleich auspacken oder bis zu ihrer Nutzung in einem Schrank verstauen. Selbst, wenn die Verpackung dort noch Monate lang genutzt wird und wenn wir die Zeit einrechnen, in der die Verpackung eine Schutzfunktion bei der Lagerung vor dem Verkauf hatte, ist dieser Zeitraum verschwindend gering im Vergleich zu den 500 Jahren, die Kunststoff benötigt, um in der Natur wieder zersetzt zu werden.[xii] Ganz abgesehen davon, dass während dieses Zersetzungsprozesses feinste Kunststoffpartikel in eben jene Natur gelangen, damit in den Nahrungskreislauf und anschließend in unsere Körper, sofern daran nicht zuvor noch frei lebende Vögel, Meeresschildkröten, Fische oder andere Tiere qualvoll ersticken müssen, weil sie die bunten Plastikteilchen für Nahrung gehalten haben.

Leider ist Plastik jedoch wahnsinnig praktisch, kann in so gut wie jede Form gebracht werden, ist in großen Mengen verfügbar und im Vergleich zu den meisten anderen Materialien unglaublich billig. Ja, auch ich selbst greife im Supermarkt immer wieder zu Plastikverpackungen — allzu oft auch mangels Alternativen in den Regalen und gebe damit bewusst oder unbewusst leider viel zu oft meine Bestätigung für die Existenzberechtigung dieser Verpackungsform ab.

Die Papierindustrie hat in den letzten Jahrzehnten große Fortschritte gemacht. Es gibt Papierverpackungen, die den Eigenschaften von Plastik sehr nahe kommen, außer dass sie nicht durchsichtig sind. Es wurden große Fortschritte beim Experimentieren mit biologischen Kunststoffen auf pflanzlicher Basis gemacht, die haargenau dieselben Eigenschaften wie Kunststoff haben, innerhalb weniger als einem Monat in der Natur unbedenklich abgebaut werden, jedoch noch teurer sind als Kunststoff und auch, sofern sie nicht aus ansonsten unverwertbaren Nebenprodukten hergestellt werden können, den Nachteil mit sich bringen, wertvolle Ackerflächen zu verbrauchen. Haben wir denn wirklich keine Alternativen?

Bild: Suppengemüse im Bund

EFFIZIENZ SIEHT ANDERS AUS

Effizienz beschreibt eine Eigenschaft, nach der die meisten Unternehmen dieser Welt streben. Es bedeutet, mit möglichst geringem Aufwand das größtmögliche Ergebnis zu erzielen. Z.B. ein Produkt mit möglichst geringem Ressourcen-, Zeit- und Arbeitsaufwand zu erzeugen oder ein menschliches Bedürfnis mit besonders niedrigem Aufwand zu befriedigen.

Viele Menschen sind der Meinung, dass der Kapitalismus aufgrund seiner durch den offenen Wettbewerb geprägten Dynamiken das beste Mittel sei, um effizient zu arbeiten. Blicken wir in einer globalen Dimension auf unsere Gesellschaft, wird es allerdings zunehmend fraglich, ob diese These stimmen kann. Dazu ein kleines Ratespiel zum Mitmachen: Wie hoch ist wohl der Anteil der Dinge und Ressourcen, die wir kaufen und die 6 Monate nach dem Kauf bereits auf dem Müll landen? 5%, 10% 25%? Vielleicht mehr? Oder doch weniger? Bitte denk einfach einmal darüber nach und gib gedanklich eine Schätzung ab, wie viel Prozent der Dinge, die wir kaufen, nach 6 Monaten nicht mehr in Gebrauch sind, sondern auf dem Müll landen. Inklusive Ressourcenschöpfung, Verarbeitung, Transport und der gesamten Liefer- und Dienstleistungskette bis zum Verbraucher. Bitte erst weiterlesen, wenn du eine Schätzung im Kopf hast.

Hast du eine Zahl im Kopf? Einen Prozentsatz dafür, wie viele der Dinge, die wir nutzen und kaufen, nach 6 Monaten bereits auf dem Müll liegen? Sehr gut. Hier kommt die Auflösung. Es sind 99%.[xiii] Ja. Richtig gelesen. Nur 1% der Dinge, die wir kaufen, ist nach 6 Monaten noch in Verwendung. Eine unglaubliche Zahl. So gut wie alles, was wir kaufen, hat seine maximale Nutzungsdauer also bereits nach einem halben Jahr erreicht. Hört sich das noch effizient an? Meiner Meinung nach nicht.

Zudem sind auch die Zahlen für Effizienz häufig etwas verwässert. Denn wenn ein Hersteller irgendeines Produktes vielleicht von sich sagen kann, dass seine Fabrik effizient arbeitet, ist fraglich, ob diese Kalkulation immer noch aufgeht, wenn der gesamte Herstellungsprozess in

Betracht gezogen wird. Also z.B. auch die Phase, bevor die Rohstoffe seine Fabrik erreichen. Denn Kosten wie Umweltverschmutzung, Arbeit unter unfairen Bedingungen und viele Faktoren der Ressourcenbeschaffung selbst sollten eigentlich auch finanzielle Werte darstellen, werden aber in der Regel nicht so kalkuliert. Denn das Stück Land, von dem die Rohstoffe entnommen werden, stellt keine Rechnung und auch die Arbeiter, denen einfach keine andere Wahl bleibt, als zu Niedrigstlöhnen zu arbeiten, um nicht ersetzt zu werden, fallen finanziell in der Produktpreiskalkulation nicht auf, wenn sie aufgrund gefährlicher oder erschwerter Arbeitsbedingungen erkranken oder gar sterben und damit ausfallen. Denn sie werden einfach ersetzt und die Kosten für den Unternehmer bleiben dieselben. Die Preise an den schönen Preisschildern in den Regalen spiegeln also in den meisten Fällen nicht die realen Kosten wider, die irgendjemand einmal dafür in der einen oder anderen Form bezahlt hat oder auch noch bezahlen muss. Etwa, wenn die Bevölkerung eines Landes noch Jahrzehnte, Jahrhunderte und wohl noch länger mit den Umweltsünden eines Atomkraftwerkbetreibers leben muss, den es nach einem Zwischenfall am Reaktor womöglich gar nicht mehr gibt. Den Preis für die Konsumenten am anderen Ende der Stromleitung wird eine solche Situation aber wohl eher nicht beeinflussen. Sie werden auch weiterhin günstig Strom kaufen können, da sie die realen Kosten nicht tragen müssen.

KAPITAL HAT KEINE NATIONALITÄT

Neue technische Innovationen, Pflegeprodukte, Süßwaren, Elektrogeräte und eine Reihe anderer Produkte sind nicht nur Kern des Wirtschafts- und Beschäftigungssystems, das unsere Welt derzeit am Leben erhält, sondern machen unser Leben angenehmer, interessanter und facettenreicher; keine Frage! Viele Innovationen werden heute von großen Konzernen vorangetrieben. Diese verfügen über die notwendigen Ressourcen, die Infrastruktur, das Know-how und vor allem über das Kapital, um große Sprünge zu machen, da große Erfindungen (angeblich) nicht mehr in der heimischen Garage stattfinden. Die großen Unternehmen machen es uns dank ihres weit verzweigten Filialsystems, der geschlossenen Lieferketten und allerlei anderer Serviceleistungen auch unglaublich einfach und bequem, Produkte zu jeder Zeit zu kaufen und zu nutzen. Man stelle sich nur vor, wir müssten all die Produkte, die wir täglich brauchen, jedes Mal selbst direkt vom Hersteller abholen und nach Hause transportieren — scheinbar ein Ding der Unmöglichkeit und wahrscheinlich auch nicht Ausdruck einer modernen Gesellschaft.

Große Konzernstrukturen bringen demnach viele Vorteile mit sich. Denn sie können in effizienter Art und Weise für Transport, Lagerung, Bereitstellung, Veredelung, Verpackung und viele andere Dinge sorgen und am Ende sind die Produkte dennoch zu einem vernünftigen Preis zu haben. Mit großen Strukturen treten allerdings manchmal auch Begleiterscheinungen auf, die nicht unbedingt zu denen zählen, die wünschenswert sind und eher auf den Profit ausgerichtet sind als auf das Wohl der Allgemeinheit. Auffällig scheint dies vor allem in solchen Unternehmens-Strukturen, in denen einerseits eine große Distanz zwischen den Entscheidern und den Betroffenen besteht - etwa wie es in globalen Konzernen häufig der Fall ist - andererseits aber auch, wenn die Verantwortung der Entscheider aufgeteilt wird oder die Identität der Personen, die Druck in Richtung einer Entscheidung ausüben, verschleiert wird (und diese oft selbst keine genaue Kenntnis über die Auswirkungen haben). Ein Beispiel für solch komplexe Strukturen können Aktiengesellschaften sein; mit ihrer großen Anzahl von Aktionären, die von der Aktiengesellschaft möglichst hohe Profite fordern, um sich am Jahresende über ein ansehnliches Plus in ihrem Fondssparplan oder ihrem Depot freuen zu können. Ein Experiment an der Universität Bonn legt nahe, dass die Bereitschaft für unmoralische Entscheidungen steigt, wenn die Dynamik des Marktes mit mehreren Teilnehmern hinzukommt.[xiv]

Dabei wurden Studenten dazu aufgefordert, am Computer über das Leben von Labormäusen zu entscheiden. Entschieden sie sich dafür, dass die Maus am Leben blieb, erhielten sie kein Geld. Entschieden sie sich für den Tod der Maus, erhielten sie einen bestimmten Geldbetrag. Bei dieser Aufgabenstellung entschieden sich nur 46% für den Tod der Maus und nahmen das Geld.

In einem 2. Versuch mussten sich jeweils zwei Studenten über die Annahme und Aufteilung des Geldes bzw. über die Nichtannahme des Geldes und das Leben der Maus einigen. Nun, da die Verantwortung für die unmoralische Entscheidung auf zwei Personen aufgeteilt wurde, stieg die Todesrate der Mäuse plötzlich auf 72%. Im 3. Szenario wurde eine *„Börsensituation"* nachgestellt, in der Verkäufer und Käufer von Mäusen über einen virtuellen Markt über den Preis verhandelten. Die Preise wurden in Echtzeit dargestellt und die Entscheider sahen plötzlich, dass andere Teilnehmer sogar bereit waren, die Mäuse für weniger Geld sterben zu lassen. Der Betrag, den die Entscheider für den Tod einer Maus entgegennahmen, sank deutlich und die Todesrate der Mäuse erhöhte sich auf 76%.

Beispiele, die zeigen, wie sich diese Dynamik des unübersichtlichen Marktes auf die betroffenen Regionen auswirkt, sind zahlreich. Während noch vor 100 Jahren die meisten Länder danach trachteten, die Souveränität über ihre Ressourcen, Infrastruktur, wichtige Industrien und auch das Kapital in der Hand zu behalten, hat sich der Fokus im Rahmen der Globalisierung deutlich verschoben. Was man nun natürlich als positiv wie auch negativ sehen kann. Einerseits ist es bequem, Umweltverschmutzung durch die Verlagerung von Fabriken in Länder mit niedrigerem Lohnniveau auszulagern, andererseits scheinen viele Staaten etwa in Europa oder Nordamerika heutzutage bereits abhängig von diesen ausländischen Industrien zu sein, da sie ihre eigenen Produktionskapazitäten zunehmend abgebaut haben. Auch wenn internationale Konzerne in bestimmten Ländern aktiv sind, scheinen sie sich häufig eher weniger um das Wohlergehen von Bevölkerung oder Umwelt vor Ort zu kümmern. Vielleicht auch gar nicht beabsichtigt, sondern womöglich vielfach aufgrund von Kommunikationslücken über die großen Distanzen zwischen der entscheidenden Zentrale und den Standorten, an denen die Folgen von Entscheidungen spürbar werden.

Während ein kleiner regionaler Betrieb wohl eher dazu geneigt ist, den örtlichen Sportklub oder Kulturverein zu unterstützen, ist es großen weltumspannenden Unternehmen sogar möglich, Gewinne so lange von einer Länderorganisation zur anderen umzuschichten, bis nur mehr ein Bruchteil der ursprünglichen Steuer an die Staaten zu entrichten ist, in denen sie ihre Einnahmen erzielen.[xv] Die Versäumnis liegt hier jedoch auch auf Seiten der Staaten, die diese Praktiken mitunter sogar legal ermöglichen. Ebenso fällt es großen Konzernen natürlich leichter, z.B. die Privatisierung von etwas bisher Unantastbarem wie Wasser in einem Land voranzutreiben als dies mittelständischen, ortsansässigen Unternehmen möglich wäre, deren Geschäftsleitungen wahrscheinlich nicht einmal auf die Idee kommen würden, die Wasserressourcen genau der Region auszubeuten, in denen ihre Kinder selbst aufwachsen sollen. Vielleicht wissen die Aktionäre des Unternehmens, das die Privatisierung des Wassers vorantreibt, gar nicht, dass das Unternehmen dies tut, womöglich ja sogar über unbekannte Tochterfirmen. Vielleicht sind sich selbst viele Manager des Unternehmens darüber nicht im Klaren, da jeder von ihnen nur einen Teil dazu beiträgt und nur in seinen Bereich Einblick hat und selbst der Meinung ist, mit bestem Wissen und Gewissen für das Wohl des Unternehmens zu arbeiten.

Es soll hier nicht der Eindruck entstehen, dass große Konzerne per se schlecht sind und nur kleine Unternehmen im Sinne aller agieren. Ich bin überzeugt, dass es in beiden Bereichen entsprechende Gegenbeispiele gibt. Ich möchte jedoch auf die Gefahr der internen Intransparenz in großen, weltweit verzweigten Strukturen hinweisen, die ich bei kleineren Strukturen nicht in diesem Ausmaß erkennen kann bzw. für einfacher regelbar halte.

Kapital hat keine Staatsbürgerschaft.

Geplante Obsoleszenz und die 110-Jahre-Glühbirne

In den letzten Jahren sind auch in größeren Zeitschriften und Magazinen Berichte über ein Phänomen aufgetaucht, das beschreibt, was viele schon lange vermuten: geplante Obsoleszenz. Oder anders gesagt; Sollbruchstellen. In der Dokumentation *„Kaufen für die Müllhalde"* von Cosima Dannoritzer wird dieses Phänomen deutlich dargestellt.[xvi] Schnell stoßen wir hier wieder auf das Thema Wachstum. Wir leben in einer Welt, in der alles auf Wachstum ausgerichtet ist. Unternehmen müssen wachsen, um mehr Jobs für die wachsende Weltbevölkerung zu kreieren und die Menschen müssen mehr verdienen, um eine wachsende Anzahl an Gütern kaufen zu können und damit wieder das Wachstum der Wirtschaft zu stützen.

Was aber, wenn sich Konsumenten einfach mit den Gütern, die sie bereits besitzen, zufriedengeben und keine neuen Waren mehr anschaffen, solange dies nicht unbedingt nötig ist? Würde das nicht eine immense Bedrohung für das Wirtschaftswachstum darstellen??

Moden und Trends könnten eine Möglichkeit sein, um dem entgegenzuwirken. So werden Konsumenten dazu gebracht, immer die neuesten Smartphones, Autos und andere Dinge besitzen zu wollen, auch wenn sie bereits ältere Modelle haben, die annähernd oder sogar genau denselben Zweck erfüllen. Eine andere Möglichkeit, auf die in der Dokumentation hingewiesen wird, wäre geplante Obsoleszenz. Also technische Fehler in den Produkten, die die Lebensdauer der Produkte künstlich verkürzen und somit dazu führen, dass die Kunden neue Produkte kaufen müssen, um die alten zu ersetzen. Die Neuanschaffung ist dabei meist sogar weitaus günstiger als eine Reparatur, sodass die Entscheidung der Kunden sich gut lenken lässt.

Eines der berühmtesten Beispiele zur Untermauerung dieser These wollen viele im so genannten Centennial Light sehen.[xvii] Diese Glühbirne ist in einer New Yorker Feuerwache bereits seit dem Jahr 1901 (!!) in Betrieb. Und das zu großen Teilen ohne Unterbrechung. Nur aufgrund von Übersiedlungen und Stromausfällen wurde das Glühen kurzfristig unterbrochen. Die Lampe leuchtet zwar nur mehr mit einer Stärke von 4 anstatt der ursprünglichen 60 Watt, brennt aber immerhin schon seit über 110 Jahren. Kohlefaden-Enthusiasten (das Material, aus dem der Glühfaden besteht) können die Langlebigkeit der Lampe übrigens live über eine Webcam im Internet 24 Stunden am Tag beobachten.

Die Webcam selbst musste seit ihrem Einsatz übrigens bereits drei Mal ersetzt werden.

Die geplante Obsoleszenz beschreibt, dass die Lebensdauer von Produkten künstlich verkürzt wird. Sie unterstellt, dass „*Sollbruchstellen*" in Produkte eingebaut werden, um absichtlich Produktschäden und Fehler nach einer gewissen Zeit zu erzeugen, damit Kunden sich Ersatz beschaffen müssen. Ob das tatsächlich der Fall ist und welche Firmen diese Strategie wirklich verfolgen, ist schwer festzustellen. Sollte die These wahr sein, wird schnell klar, dass ein solches System Verlierer erzeugt. Und das sind nicht nur die Konsumenten, sondern auch die Mitbewerber, die gewissenhaft arbeiten, aber mit ihren langlebigen Produkten weniger Gewinn in diesem System erwirtschaften können, da deren Kunden ihre Produkte nicht so oft nachfragen müssen. Natürlich ist es eine rein subjektive Beobachtung und ein einzelner Fall, doch auf meinem Nachtkästchen steht ein kleiner Radiowecker, den ich geschenkt bekommen habe, als ich ungefähr 15 Jahre alt war. Er wirkt nicht einmal altmodisch, sondern könnte auch heute problemlos in der Auslage eines Elektronikfachgeschäfts präsentiert werden und würde zeitgemäß wirken. Während ich mir aber ca. alle zwei Jahre ein neues Smartphone zulegen muss, weil das alte nicht mehr funktioniert, weckt mich der Radiowecker all die Jahre hindurch immer noch pünktlich und macht keine Anzeichen, als würde sich in absehbarer Zeit etwas daran ändern. Erst kürzlich habe ich auf dem Gehäuse nachgesehen, wer eigentlich der Hersteller meines Radioweckers ist und fand die Aufschrift GRUNDIG. Das deutsche Unternehmen GRUNDIG war einst der größte Rundfunkgerätehersteller Europas, musste allerdings im Jahr 2003 Insolvenz anmelden. Infolgedessen wurden einige Geschäftssparten ausgegliedert und werden heute von anderen Unternehmen unter der Marke Grundig weiter geführt. Mein Radiowecker hat seinen Hersteller somit bereits um über ein Jahrzehnt überlebt. Eine komplexe Sache wie eine Firmeninsolvenz hat meist sehr vielfältige Gründe, aber dennoch frage ich mich immer wieder, ob es da vielleicht doch einen Zusammenhang zu meinem langlebigen Radiowecker geben mag, den ich bisher noch nie ersetzen musste…

Die technische Obsoleszenz ist aber vielleicht noch nicht einmal die Spitze des Eisbergs. Denn dazu kommt auch noch die Trend-Obsoleszenz: Unternehmen sind nicht die einzigen, die verschwenden. Auch wir tun es. Tag für Tag landen auf den Müllhalden dieser Welt Produkte, die nur einmal oder auch nie benutzt wurden. Anstatt sie an jemanden zu verkaufen, der sie brauchen könnte, haben sich viele Konsumenten dazu entschieden, sie gleich unverpackt in den Müll zu geben.[xviii] Unvorstellbar, aber wahr.

Wollen wir diese Situation ändern, müssten wir uns also Methoden überlegen, um auch den Herstellern langlebiger Produkte entsprechende Gewinnaussichten zuzusichern, sofern wir noch nicht bereit sind, unser komplettes Wirtschaftssystem auf den Kopf zu stellen. Mehr dazu später im Abschnitt Lösungen. Gleichzeitig ist es wesentlich, unser eigenes Handeln selbst zu überdenken. Ist es sinnvoll, immer wieder Dinge, die ein bisschen neuer, ein bisschen besser sind, zu kaufen; ein bisschen früher als nötig?

Doch wenn unsere gesamte Wirtschaft auf Wachstum ausgerichtet ist (von der Verknüpfung mit dem Zinssystem möchte ich hier noch gar nicht sprechen), ist es dann überhaupt möglich, in einer endlichen Welt so weiter zu machen? Schließlich wollen wir auf unseren Lebensstandard nicht verzichten und keinesfalls einen Rückschritt machen. Zwar sind wir äußerst einfallsreich, wenn es um die Ausbeutung der Weltressourcen geht und schon früh gab es Ideen, auch Rohstoffe aus dem Weltall um uns herum auszubeuten, doch ich bin nicht sicher, ob es das Ziel sein sollte, immer mehr Ressourcen herbeizuschaffen, nur um unseren Wachstumswahn immer weiter zu ermöglichen. Wir müssen uns eingestehen, dass unser aktuelles Wirtschafts- und Beschäftigungssystem, ein System auf der Grundlage von ewigem Wachstum, einfach nicht für eine Welt ausgelegt sein kann, die nicht ewig wächst und deren Grenzen wir bereits weit überstrapaziert haben – und das, während gleichzeitig ein Großteil der Menschheit noch nicht einmal annähernd von diesen Ressourcen profitiert hat. Das heißt jedoch nicht, dass es immer so bleiben muss.

Viele Ökonomen und andere Menschen, die sich mit dem Thema beschäftigen, haben bereits verschiedene Ansätze zu einer Wirtschaft ohne Wachstum entwickelt. Wichtig ist zu verstehen, dass dies nicht von einem Tag auf den anderen umgesetzt werden kann und es nicht genügt bzw. kaum möglich ist, nur „die Wirtschaft" zu verändern.

Mir wäre es allerdings lieber, wir machten uns besser früher als zu spät darüber Gedanken, was wir verändern müssten, bevor der Rückschritt, den wir alle nicht erleben möchten, unaufhaltsam kommt. Es ist außerdem wesentlich zu erkennen, wie wichtig die Frage ist, um welches Wachstum es eigentlich geht. Ich bin überzeugt, dass es Wege gibt, um ein gefühltes Wachstum des Wohlstandes und des Wohlbefindens auch in einer Welt zu erzeugen, die nicht primär auf ein Wachstum des Ressourcenverbrauchs abzielt. Wir sollten bald damit beginnen und ich hoffe, dass dieses Buch dazu beiträgt, die Diskussion in Gang zu setzen. Für den Anfang bleiben uns als Konsumenten tagtäglich auch noch andere Möglichkeiten, um Einfluss auszuüben und den Lauf der Welt ein wenig mit zu steuern.

Service... was war
das noch gleich?

Nachdem in gesättigten Märkten die meisten Produkte kaum noch wesentliche Unterscheidungsmerkmale aufweisen, durch die sie aus der Masse hervorstechen würden, bedarf es anderer Unterscheidungsmerkmale, die uns bei unseren Kaufentscheidungen hilfreich sind und auf die wir vielleicht in Zukunft noch besser achten sollten.

An jeder Ecke bekommen wir heute bereits einen Coffee to Go und auch unseren Muffin dazu. Wir können bei vielen Anbietern telefonieren, mobil im Internet surfen und auch unser nächstes Notebook bei weit mehr als nur einem Anbieter zu einem mehr oder weniger akzeptablen Preis bestellen. Fluglinien bringen ihre Passagiere mehr oder minder genauso komfortabel, schnell und sicher von A nach B wie deren Mitbewerber und Hotels bieten ihren Gästen immer einen Platz zum Schlafen und in der Regel auch eine warme Dusche. Doch was nicht immer im Angebot eingeschlossen ist, ist Service.

Service am Kunden stellt für viele ein wesentliches Unterscheidungsmerkmal dar, aber vor allem auch immer häufiger einen Punkt, der den Preis nur allzu schnell geradezu unwichtig erscheinen lassen kann. Dazu zählen vor allem:

- Ehrliche und gute Beratung
- Entgegenkommen im Bereich Bequemlichkeit (Lieferservice, Spielecke für Kinder usw.)
- Kulante Lösungsfindung im Sinne der Kundschaft
- Individuelles Eingehen bei Problemen und Beschwerden
- Mitdenken für die Kundschaft
- Kostenlose Reparaturen oder Umbuchungen

Es sind einfache Dinge, die dem jeweiligen Unternehmen häufig nicht einmal hohe Kosten entstehen lassen. Dennoch schaffen es nur wenige Unternehmen, tatsächlich durch Service positiv aufzufallen. Viel öfter liest man von genervten Kunden, die ewig in der Warteschleife gehalten wurden, deren Beschwerden nicht richtig verstanden wurden, die schlichtweg ignoriert werden oder denen sogar noch hoher Aufwand in Form von Kosten und Zeit entsteht, anstatt Lösungen zu erhalten.

Interessant ist, dass Unternehmen, die ihre Kunden nicht gerade hofieren, dennoch oft über Jahre hinweg existieren. Aber warum? Ist es, weil Kunden vergessen? Oder ist es, weil Kunden dann doch aufgrund der Omnipräsenz einiger Big Player wieder nicht ihre Wahlmöglichkeit erkennen? Vielleicht lassen wir uns dann aber auch doch immer wieder vom Preis verlocken. Ich habe keine klare Antwort auf diese Frage. Ich weiß nur, dass Kunden sich sehr wohl bewusst machen sollten, welche Macht sie haben und dass sie in den allermeisten Fällen sehr wohl die Möglichkeit haben, einen anderen Anbieter zu wählen, der sie mitunter sogar mit offenen Armen empfängt und ihr Bedürfnis besser befriedigen kann.

Wenn es leistbar ist, warum nicht einmal bei dem Reifenhändler die Winterreifen kaufen, bei dem man auch schnell einen Termin bekommt, eine Tasse Kaffee während des Reifenwechsels serviert wird und andere Serviceleistungen geboten werden, wenn dieser vielleicht auch nicht zu den billigsten gehört? Warum nicht ein paar Euro mehr für den Fernseher bezahlen, dafür aber bei einem Elektrohändler, bei dem wir ein gutes Gefühl haben, der sich offensichtlich gut um seine Mitarbeiter kümmert und vielleicht zu Weihnachten jedes Jahr eine Spendenaktion für das örtliche Kinderdorf veranstaltet? Warum nicht bei dem Mobilfunkanbieter unterschreiben, der zwar teurer ist, aber bei dem für Probleme immer schnell Lösungen gefunden werden und wo ich immer jemanden erreichen kann, anstatt mit einer Maschine in der Warteschleife zu sprechen? Ja, warum eigentlich nicht?

Vor einiger Zeit war ich an einer deutschsprachigen Grundschule in Ungarn wie schon im Jahr zuvor als

Jurymitglied für einen Rezitationswettbewerb geladen. Ich wusste, dass dabei immer Bücher als Preise für die Kinder vergeben werden und wollte einige Kinderbücher als Gewinnpreise beisteuern. Da ich nicht genau wusste, welche Titel bei Kindern in diesem Alter gerade besonders gut ankamen, habe ich mich dazu entschlossen, mich beraten zu lassen. Ich schickte einem Buchhändler in meiner Umgebung eine E-Mail und bat ihn darum, mir einige Titelempfehlungen vorrätiger Kinderbücher zu geben, damit ich mir diese anschließend dort abholen konnte. Mein Plan ging leider nicht sofort auf.

Ich erhielt die Antwort, dass ich gerne zu dem Händler ins Geschäft kommen könnte und mir die Bücher gerne selbst auswählen konnte. Eine Information, die ich genau genommen schon besaß, bevor ich zur Tastatur gegriffen hatte. Also versuchte ich es bei einem weiteren Händler, doch dieselbe Reaktion. Erst die dritte Buchhändlerin, die leider sogar am weitesten entfernt war, sendete mir eine Auflistung von 14 verschiedenen Titeln, geordnet nach Altersstufen und mit Preisen. Es ist nicht schwer zu erraten, bei wem ich die Bücher schon in der Woche darauf gekauft habe.

Der unzufriedene
~~Bürger~~ Konsument

So sehr wir diese schöne, große und bunte Einkaufswelt auch zu lieben scheinen, so sehr sind viele Menschen auch unzufrieden mit vielen Dingen, die eben jene Wirtschaft direkt oder indirekt als Nebeneffekte mit sich bringt. Ob es die Beeinflussung durch Werbung ist, der Vertrieb teils ungesunder Produkte, die zunehmende Zerstörung einer Umwelt, die nicht unendlich ist oder die Verdrängung traditioneller, regionaler und lokaler Strukturen – viele Menschen fühlen sich nicht mehr wohl in dieser Welt und klagen tagein tagaus darüber, dass das Streben nach Gewinn um jeden Preis nach und nach eine Welt gestaltet, in der sie sich zunehmend fremdbestimmt, überwacht und ausgeliefert fühlen. Bei genauerer Betrachtung frage ich mich häufig, ob diese Menschen, die so laut über ihr Leid klagen, oft nicht auch genau jene Personen sind, die diesen Prozess noch am stärksten befeuern. Können (oder wollen) sie die Zusammenhänge nicht erkennen? Sehen sie ihre Optionen nicht? Hinterfragen sie nicht, dass der Kauf eines Fernsehers, eines Autos, die Nutzung eines

Smartphones oder die Entscheidung, einen Kaffee in einem Restaurant trinken zu gehen, immer auch Folgen hat? Wer es wagt, ein bisschen hinter die Kulissen zu blicken, merkt schnell, dass immer dort, wo Geld fließt, natürlich und selbstverständlich auch Auswirkungen zu erwarten sind.

Dabei ist es eigentlich ganz einfach: Mit jedem Kauf unterstützt ein Konsument das Unternehmen, das die Produkte herstellt, sowie auch den Händler, der sie verkauft und ermöglicht es damit, dass diese Unternehmen noch mehr von dem tun können, was sie tun. Das ist Betriebswirtschafts-1x1. Dennoch fällt es uns häufig schwer, die Zusammenhänge zu erkennen. Teilweise mit Sicherheit auch, weil wir in einer sehr komplexen Welt leben und weil sich sehr viele Menschen mit diesen Themen gar nicht ernsthaft auseinandersetzen können oder wollen.

Aber nur weil Systeme komplex erscheinen, bedeutet das noch lange nicht, dass unsere (Kauf-)Entscheidungen keine Folgen für die Welt hätten, in der wir leben. Raja Öllinger-Guptara beschreibt in *Der Midas Effekt* in einfachen Worten, wie der Schmetterlingseffekt funktioniert und wie auch kleine Taten riesige und ewige Auswirkungen haben können. Schon ein kleiner Nießer in einem Flugzeug kann etwa dazu führen, dass alle anderen Passagiere darin angesteckt werden, krank werden und ihrerseits wieder Menschen, mit denen sie in Kontakt kommen, anstecken. Jede Tat hat Folgen! Selbst, wenn es nur ein Kaugummi an der Supermarktkasse ist. Alles hat immense und ewige Folgen.

Dem Konsum widme ich deshalb so viel Platz in diesem Buch, weil er einen solch großen Platz in unserem Leben einnimmt und so vieles beeinflusst in unserer Welt. Deshalb bin ich auch überzeugt davon, dass hier ein immenser Hebel versteckt liegt, den wir alle tagtäglich nutzen können, um die Gestaltung der Welt, in der wir leben und sogar den Lauf der Geschichte, zu beeinflussen.

BEWUSSTWERDUNG

Die tägliche Stimmabgabe

Wenn von der Kaufentscheidung gesprochen wird, dann ist häufig auch die Rede von einer Wahl, die wir täglich treffen. Denn wir haben nicht nur alle 5 Jahre die Möglichkeit, eine politische Partei zu wählen in der stillen Hoffnung, dass diese das Leben in dem Ort, der Region oder dem Land, in dem wir leben, verbessern wird - tatsächlich geben wir tagtäglich unsere Stimme ab und treffen damit mitunter sogar weitaus wichtigere Entscheidungen als in der Wahlkabine. Die Stimmabgabe findet dabei allerdings an der Kasse, am heimischen Computer beim Einkauf im Onlineshop und in vielen anderen Situationen statt. Selbst dann, wenn wir entscheiden, welchen Sender wir uns abends ansehen, welche Zeitung wir lesen oder welche Webseiten wir im Internet anklicken. Jedes Mal geben wir unsere Stimme ab!

Folge dem Geld

Wer sich Produktbeschreibungen genau durchliest und darüber nachdenkt, wie Produkte hergestellt werden und welche Auswirkungen es auch hat, bestimmte Dienstleistungen in Anspruch zu nehmen, der wird schnell erkennen können, wo der Auslöser für viele Probleme dieser Welt versteckt liegen könnte. Nämlich in uns selbst oder besser gesagt, in unserer eigenen Geldbörse. Wir müssen zugeben, unser modernes Leben hat Folgen für die Welt, in der wir leben und nicht alle sind positiv. Die Schuld alleine den Konzernen zuzuschieben oder nur bei der Politik zu suchen und sich selbst ganz raus zu halten, scheint allerdings auch nicht so ganz fair zu sein. Ob wir wollen oder nicht, sind wir Teil des Systems, das wir gerne kritisieren würden. Der österreichische Kabarettist Roland Düringer hat dies einmal bei einer *„Wutbürger-Demonstration"* in Wien gelungen zum Ausdruck gebracht, bei der er spontan auf die Bühne gebeten wurde:

„Es ist nie ein Bankbeamter zu uns gekommen, hat angeläutet und uns eine Waffe angehalten und gesagt, Sie nehmen sich jetzt einen Kredit! Da sind schon wir hingegangen und haben gesagt, geh bitte, ich hätte jetzt gerne ein größeres Auto, ich hätte gerne eine andere Wohnung."

Natürlich wollen oder müssen wir Produkte kaufen, Dienstleistungen in Anspruch nehmen und nicht zuletzt hängen doch auch unsere Jobs davon ab, dass dieser Kreislauf in Schwung gehalten wird oder? Aber muss dieser Kreislauf eigentlich in dieser Art und Weise in Schwung gehalten werden? Mit all den negativen Nebeneffekten wie bedenklicher Beeinflussung unserer Gesellschaft, Raubbau an Ressourcen, Verwendung gesundheitsschädlicher Inhaltsstoffe und dem Einbau von Sollbruchstellen in Geräten? Nicht unbedingt. Solange es Konsumenten Unternehmen allerdings weiterhin so einfach machen, werden diese weiterhin den Weg des geringsten Widerstands gehen. Bewusst, oder in der Mehrheit der Fälle, auch unbewusst.

Der wehrhafte Kunde

Wer sich schon einmal in ein klassisches Marketingbuch eingelesen hat oder sich mit diesem Bereich beschäftigt hat, der hat sicherlich auch schon einmal davon gehört, dass dieses Wirtschaftsfach mit Blick auf die letzten Jahrzehnte unterschiedliche Phasen durchlaufen hat. In den 1950er Jahren beispielsweise gab es kaum Marketing wie wir es heute kennen. Es wurden Produkte produziert, die die Kunden ohnehin brauchten und daher kauften. Erst in den 70er und 80er Jahren trat eine zunehmende Marktsättigung ein, während sich gleichzeitig die Konkurrenzsituation zugespitzt hatte. Die Unternehmen mussten also tief in die Taschen greifen, um ein Markenimage zu kreieren und Trends loszutreten, damit Kunden Dinge kauften, die sie wahrscheinlich ohne Beeinflussung durch Werbemaßnahmen nicht gekauft hätten.

Später, und vor allem seit der Erfindung des Internet, spielt die individuelle Kundenansprache eine immer wichtigere Rolle. Mit geradezu wissenschaftlicher Akribie wird versucht, die Zielgruppe genau zu analysieren, ihre

Wünsche, Interessen und Sorgen genau zu kennen, um ihr Produkte anzubieten, die genau auf sie zugeschnitten sind. Diese Entwicklung zeichnet also eigentlich ein Bild, in der der Kunde in der stärkeren Position sein sollte. Ist er denn wirklich so ausgeliefert und hilflos gegen die großen Prozesse, die in dieser Welt stattfinden?

Nein, nicht ganz. Denn immer noch haben wir die Macht über unsere Geldbörse und entscheiden selbst, welche Waren und Dienstleistungen wir damit kaufen möchten. Und die Auswahl ist riesig! Kunden könn(t)en heute Anbieter gegeneinander ausspielen und sich etwas herausschlagen. Denn schließlich sind sie es, die bezahlen. Wenn dem Kunden etwas nicht passt, hat er heute auch unzählige Möglichkeiten, sich Gehör zu verschaffen. Sei es per E-Mail, mit einer persönlichen Beschwerde oder sogar durch demonstrative Aufrufe in Social-Media-Kanälen. Kluge und weitsichtige Unternehmen hören auf diese Stimmen. Denn ein Kunde, der sich beschwert, ist ein Kunde, der eigentlich kaufen möchte. Nur Unternehmen, die zuhören, wissen heute, was sich ihre Kundschaft wünscht und können die entsprechenden Maßnahmen setzen, um auf diese Wünsche einzugehen oder gar Probleme zu beseitigen, die Kunden am Kauf hindern.

Viele Unternehmen haben bereits ihr Handeln geändert, ganze Produktsortimente umgestellt oder Produkte aus dem Handel genommen, nur weil der Druck der wehrhaften Kunden zu groß wurde. Das konnte nur deshalb passieren, weil diese Kundinnen und Kunden verstanden haben, wie man ein Unternehmen dort packt, wo es weh tut. Nämlich am Geldhahn! Selbst riesige Unternehmen, die schließlich nicht von einer einzelnen Person gesteuert werden, sondern in komplexen Systemen aus Aktionärsinteressen, Vorstandsentscheidungen und Abteilungsstrukturen organisiert sind, müssen zwangsläufig früher oder später einknicken, wenn an der Finanzschraube gedreht wird und Kunden damit aufhören, ihre Produkte zu kaufen.

BOTTOM-UP-SCHECKBUCHDIPLOMATIE
Oder: Wie man die globale Erotik-Industrie in die Pleite drängt

Der Begriff Scheckbuchdiplomatie stammt eigentlich aus der Politik und beschreibt das Vorgehen von Staaten, die anstatt konkrete Handlungen zu setzen, die Risiken mit sich bringen könnten (etwa bei Konflikten Militärtruppen zu entsenden), lieber das Scheckbuch zücken und Geld in Maßnahmen stecken, die ihrer Ansicht nach die Interessen des Landes am besten fördern.[xix] Mitunter können auch auf diese Weise beachtliche Erfolge erzielt werden. Deutschland und Japan beispielsweise sind Länder, die für ihre Scheckbuchdiplomatie lange Zeit bekannt waren. Während im Zweiten Golfkrieg Briten, Amerikaner und ihre Alliierten mit Truppen in den Irak einmarschierten, zogen es die japanische und die deutsche Regierung vor, die Alliierten nur finanziell mit Milliardenbeträgen zu unterstützen, da sie ebenfalls an einer veränderten Situation in der Golfregion interessiert waren. Auch Länder wie die Schweiz, Österreich oder Schweden beteiligen sich bei Konflikten zumeist in Form von finanzieller Unterstützung von Aufbau- und Entwicklungshilfe anstatt mit militärischen Mitteln.

Ebenso gibt es rund um die Regierungssitze dieser Welt Büros, angemietet von zumeist wirtschaftlichen Unternehmen und Organisationen, die beachtliche Investitionen aufwenden, um durch unterschiedlichste Maßnahmen Einfluss auf die Politik zu nehmen. Kurz: Lobbying. Auch sie wenden das Mittel der Scheckbuchdiplomatie an, wobei es hier eher indirekt und verdeckter abläuft und teils unrühmliche Begleiterscheinungen mit sich bringt. Nicht zuletzt geht es ihnen aber letzten Endes wiederum um eines. Nämlich um die Geldbörsen der Millionen und Milliarden Konsumenten, die sich möglichst in ihre Richtung auftun sollen. Die Konsumenten also als Opfer? Wer stattete die Lobbys mit so viel finanzieller Macht aus? Waren es vielleicht am Ende gar wir Konsumenten selbst? Wieso sollten also nicht auch wir Konsumentinnen und Konsumenten Lobbying betreiben können? Vielleicht sogar eine weitaus effektivere Form davon?

Was es braucht, ist eine Bottom-Up-Scheckbuchdiplomatie. Eben jene Millionen und Milliarden Konsumenten müssen sich endlich darüber bewusst werden, dass sie gemeinsam ungeheure Macht haben und vieles steuern könnten.

Alleine in den Vereinigten Staaten von Amerika gaben private Haushalte im Jahr 2013 rund 11.484 Milliarden[xx] Dollar aus

bzw. *$ 11.484.000.000.000*

Eine unvorstellbare Zahl.

Zum Vergleich: Das nach Umsatz größte Unternehmen der Welt, der Erdöl- und Erdgasriese Royal Dutch Shell machte im Jahr 2012 „gerade einmal" 484 Milliarden Dollar Umsatz und knapp 31 Milliarden Gewinn. Die Volksrepublik China hingegen, die als Staat unzählige Unternehmen beherbergt, weist in etwa ein Bruttoinlandsprodukt von knapp 9 Billionen Dollar auf. Stellen wir uns nun vor, nur 1% der amerikanischen Haushalte würde sich entschließen, sein Geld in einen bestimmten Bereich nicht mehr zu stecken, aber dafür zu sparen oder anderswo zu investieren. Das entspricht immerhin 114,84 Mrd. Dollar. Was würde das für die betroffene Branche bedeuten?

Rein rechnerisch wäre es in jedem Fall genug, um etwa die weltweite Erotikfilm-Industrie[xxi], die globale Parkhaus- und Parkplatzbranche[xxii] oder auch den Industriezweig der Tablet-PCs[xxiii] auf diesem Planeten schnell in arge Bedrängnis zu bringen. Nicht, dass dies ein hehres Ziel sein sollte, doch jeder dieser Bereiche weist Jahresumsätze von ca. 100 Milliarden Dollar auf. Dies nur, um ein Gefühl für die Größenordnung zu bekommen, die nur 1% der amerikanischen Konsumenten in seinen Geldbörsen umher trägt.

Dabei ist jede Kaufentscheidung wesentlich. Denn jede hat Folgen. Wenn ich nicht möchte, dass ein

Unternehmen den Regenwald abholzt, dann sollte ich besser auch nicht die Tropenholzmöbel kaufen, die so gut in meine Wohnung passen. Wenn ich das Gefühl habe, dass ein Mobilfunkanbieter mich mit Knebelverträgen übervorteilt und nicht den gewünschten Service liefert, sollte ich mir vielleicht überlegen, den Vertrag zu kündigen. Und wenn ich der Meinung bin, ein Elektronikhandelsunternehmen fährt eine Werbelinie, die die Jugend oder die Gesellschaft im Grunde negativ beeinflusst, dann kann ich meine Elektrogeräte schließlich auch woanders kaufen.

Es klingt ziemlich einfach oder? Dennoch scheint es immer noch so viele Menschen zu geben, die in einer Lethargie der ewig gleichen Abläufe gefangen zu sein scheinen und die immer wieder dieselben Produkte kaufen, deren schädliche Auswirkungen sie kennen, mit deren Qualität sie nicht zufrieden sind und deren Werbejingles sie eigentlich nicht leiden können. Und warum? An mangelnder Auswahl anderer Anbieter kann es jedenfalls nicht wirklich liegen.

In diesem Buch geht es mir nicht so sehr darum, dass Konsumenten peinlich genau darauf achten, umweltfreundliche oder fair hergestellte Produkte zu kaufen (auch wenn das besser wäre) oder womöglich immer ein schlechtes Gewissen haben, wenn sie dies nicht tun. Ich denke, ein erster wichtiger Schritt besteht darin, dass wir uns einfach wieder mehr dafür interessieren, woher unsere Produkte kommen und was wir mit unseren Käufen auslösen. Vor allem aber auch, uns bewusst zu machen, wie viel wir mit unseren Einkäufen bewirken können. Unterstütze ich ein Unternehmen aus meiner Region, das hier Arbeitsplätze schafft, hier Steuern zahlt und an einer positiven Entwicklung der Region, in der ich selbst lebe, interessiert ist oder unterstütze ich ein Unternehmen am anderen Ende der Welt, das von Aktionärsvertretern gelenkt wird, die ich nie zu Gesicht bekommen werde und die auch wenig daran interessiert sind, meine Wenigkeit jemals zu Gesicht zu bekommen?

Der ewige Käufermarkt

In der Betriebswirtschaft wird generell in Käufermärkte und Verkäufermärkte unterschieden. Bei einem Verkäufermarkt handelt es sich um einen Markt, bei dem ein kleines Angebot einer großen Nachfrage gegenübersteht. Der Verkäufer befindet sich daher in der besseren Position und hat es einfacher, die Preise zu seinen Gunsten zu verhandeln.

Bei einem Käufermarkt ist es genau umgekehrt. Hier ist das Angebot groß und die Nachfrage gering. Die Konsumenten sind damit in der besseren Position und können sich aussuchen, bei welchen Anbietern sie kaufen. Sieht man sich in der Welt um, könnte man glauben, man befände sich in einem ständigen Verkäufermarkt, da uns in der Werbung immer wieder vorgegaukelt wird, dass das Angebot knapp wäre, wir schnell zuschlagen müssten oder nur noch geringe Restmengen vorhanden seien. Tatsächlich handelt es sich in den meisten Fällen allerdings um psychologische Tricks, um uns zu mehr Käufen zu veranlassen.

Ich denke jedoch, sobald sich die Konsumenten ihrer Rolle bewusst sind und es verstehen, die Nachfrage gezielt zu verändern, handelt es sich immer um einen Käufermarkt. In den vielschichtigen Handelsmärkten sind wir von dieser Vision natürlich weit entfernt. Und dennoch gibt es Beispiele aus der Vergangenheit, bei denen dieses Prinzip genutzt wurde und dabei sogar mit großer Wirkung dahingehend, bestimmte Entwicklungen relativ rasch zu verändern.

Opium-Krieg im Reich der Mitte

Die Opium-Kriege zwischen dem Kaiserreich China und dem britischen Empire im 19. Jahrhundert sind bis heute bekannt, doch nur wenige wissen genau, worum es sich dabei handelte. Um die eigene Handelsbilanz auszugleichen, führten die Briten große Mengen Opium aus Britisch-Indien nach China ein, was in China selbstverständlich zu großen Problemen führte, da immer mehr Menschen süchtig wurden und es sowohl zu gesundheitlichen als auch negativen sozialen Auswirkungen in China kam. Als der wachsende Konflikt um die Opiumimporte zwischen China und dem Empire nicht politisch geregelt werden konnte, kam es zum Ersten Opiumkrieg, den Großbritannien gewann und China daraufhin die vollständige Öffnung des

Opiummarktes aufzwang. In der Folge verschlechterte sich die Lage im Land weiter und bald waren Millionen Chinesen süchtig nach Opium. Um dieser Problematik zu begegnen, bediente sich der chinesische Kaiser nun eines geschickten Schachzugs. Anstatt zu versuchen, die Importe militärisch oder politisch zu unterbinden, also auf die Angebotssituation einzuwirken, sorgte er für eine Veränderung der Nachfrage. Nun ließ er in den südlichen Provinzen Chinas selbst riesige Mengen Opium anbauen, die die Importe aus Indien mengenmäßig bald überstiegen. Der Opium-Export nach China wurde für Britisch-Indien somit zunehmend uninteressanter und brach schon bald deutlich ein. Der Kaiser von China hatte nun zumindest die Kontrolle über den Opium-Handel wieder erlangt und konnte im nächsten Schritt Maßnahmen der Suchtbekämpfung bei seinen Untertanen ergreifen.[xxiv]

Dieses Beispiel zeigt sehr deutlich, welche Macht in der Veränderung der Nachfrage steckt. Doch auch in der heutigen Zeit gilt dieses Konzept nicht als überholt. So verlautbarte der Generalsekretär der Organisation Amerikanischer Staaten, José Miguel Insulza, im September 2014, dass die lateinamerikanischen Staaten den Krieg gegen Drogen als für beendet erklären. Man war zu dem Schluss gekommen, dass der seit über 40 Jahren betriebene, von den USA initiierte War on Drugs keine Wirkung gezeigt hatte, sondern die Situation in den Herstellerländern nur noch verschlimmert hatte. Jegliche Versuche, das Angebot einzudämmen, zeigten nicht die erhoffte Wirkung. Denn der Markt fand immer einen Weg. Mit Präventionsarbeit wollen die lateinamerikanischen Staaten nun in ihren eigenen Ländern für eine Eindämmung der Nachfrage sorgen, was automatisch zu einer Reduktion des Angebotes führen wird, da die Drogenhersteller dann immer weniger wirtschaftliche Grundlage haben, um ihr Geschäft zu betreiben. Auch die Konsummärkte Kanada und USA sollen künftig stärker in die Pflicht genommen werden. Hier scheint jemand verstanden zu haben, dass wenn man das Angebot nicht direkt beeinflussen kann, man es dennoch indirekt über die Steuerung der Nachfrage versuchen kann.

Wenn Unternehmen Kunden zuhören

Vor einigen Jahren habe ich mir einmal ein als biologisch hergestellt gekennzeichnetes Joghurt gekauft. Ich weiß noch, dass dies nicht lange war, nachdem ich den Film *Plastic Planet* zum ersten Mal gesehen hatte und ich das Joghurt deshalb auswählte, weil es in einem Kartonbecher verpackt war und nicht in Plastik. Als ich das Joghurt daheim öffnete, bemerkte ich schnell, dass ich dem Joghurthersteller auf den Leim gegangen war. Denn die Dose war nur außen mit einer Kartonhülle umgeben. Darunter befand sich ein herkömmlicher Plastikbecher, was mich ziemlich verärgerte, da ich damit eigentlich zu doppelter Müllproduktion beigetragen hatte. Glücklicherweise fand sich der Name des Herstellers schnell auf der Verpackung und dank des Internets auch bald eine E-Mail-Adresse. Also machte ich meinem Ärger Luft und fragte nach, warum um Himmels Willen nicht direkt ein Pappbecher verwendet wurde, sondern zusätzlich auch noch ein Plastikbecher. Die Antwort ließ einige Tage auf sich warten, aber sie kam. Ein freundlicher Mitarbeiter des Molkereibetriebes schrieb mir zurück, dass der Grund dafür darin lag, dass die Joghurts bereits in den Bechern einer Art Reifegärung unterzogen würden und dies nur in Kunststoffbechern möglich wäre. Zumindest bei solch geringen Stückzahlen wäre kein anderer Produktionsprozess wirtschaftlich vertretbar. Man werde aber über eine eventuelle Umstellung in der Zukunft nachdenken.

Was hat meine E-Mail also bewirkt? Man könnte meinen, im Grunde nichts - bis heute konnte ich noch keinen Vollkartonbecher im Joghurtregal entdecken. Doch dies ist nicht ganz richtig. Denn immerhin wurde der Hersteller nun darauf aufmerksam gemacht, dass es Kunden gibt, die sich über die Verpackungen seiner Joghurts Gedanken machen. Grundsätzlich sind solche Informationen für Unternehmen Gold wert, denn es ist direktes Feedback, für das sie andernfalls viel Geld an Marktforschungsinstitute bezahlen müssten, um dieselben oder aber weniger authentische Aussagen zu erhalten. Unternehmen dürsten geradezu danach, zu erfahren, was Kundinnen und Kunden über ihre Produkte denken. Kluge Unternehmen hören ihren Kunden zu. Denn ein Kunde, der ein Unternehmen kontaktiert, ist ein Kunde, der eigentlich kaufen möchte. Käme es zu dem Fall, dass eine kritische Anzahl von Kunden dem Hersteller in E-Mails oder Telefonanrufen auf denselben Missstand aufmerksam macht, bin ich davon überzeugt, dass das Thema noch in der gleichen Woche in einer Produktmanagement-Sitzung emotionsgeladen diskutiert würde. Vielleicht käme man sogar zu dem Schluss, dass der Markt tatsächlich reif für Joghurt im Pappbecher wäre und man sich dadurch von der Konkurrenz differenzieren könnte oder sogar einen völlig neuen Markt schaffen würde, während gleichzeitig das Image der Marke positiv aufgeladen werden könnte.[xxv]

Zwar kenne ich die Entscheidungsgrundlagen dazu nicht genau, doch ähnlich dürfte die Denkweise auch beim Lebensmittel-Konzern Rewe intern abgelaufen sein, als man sich dazu entschied, krummes, im Normalfall „unverkäufliches" Gemüse unter dem Namen *Wunderlinge* ins Sortiment zu nehmen. Also Gemüse, das früher aufgrund seiner Form und seines Aussehens normalerweise schon lange weggeworfen[xxvi] worden wäre, noch bevor es im Regal hätte landen können.

Der Vorstoß von Rewe fand zu einem Zeitpunkt statt, als die große Verschwendung im Lebensmittelbereich in Europa gerade in den Medien heftig diskutiert wurde und die öffentliche Meinung daher stark beeinflusste. Gleichzeitig waren die Konsumenten geradezu in Rage, als bekannt wurde, dass die EU Patente auf Saatgut und die Einschränkung von seltenen Obst- und Gemüsesorten durchsetzen wollte, wogegen sich der Rewe-Konzern ebenfalls stark machte und damit sicherlich den einen oder anderen Kunden beeindrucken konnte.[xxvii]

Oft sind es die kleinen Dinge, die Großes bewirken können. Es ist auszuschließen, dass es für einen Konzern wie Rewe eine große Umstellung bedeutet, auch Gemüse ins Sortiment zu nehmen, das ansonsten als unverkäuflich galt. Das Bekenntnis zu der Entscheidung war wohl die größte Hürde. Dennoch konnte eine Win-Win-Situation geschaffen werden. Rewe konnte bei einer bestimmten Kundenschicht positives Feedback erzeugen und war sich eines guten Images sicher, die Bauern mussten ihre nicht ganz so schönen Produkte nicht mehr wegwerfen, sondern konnten sie verkaufen und auch die Umwelt wird durch die Wunderlinge geschont. Oft sind es kleine Dinge, die sehr Großes bewirken können.

Die Macht
der Kunden

Wenn Konsumenten über das (Über-) Leben von Marken entscheiden.

TSCHISI

In den 1990er Jahren vertrieb der Unilever-Konzern eine Eissorte in Österreich und teils auch in Deutschland, die schon bald regelrechten Kultstatus erlangte. Das Tschisi-Eis. Ein Eis am Stiel mit Vanille-Geschmack und einer sehr charakteristischen Form aufgrund von runden Einkerbungen, die Käselöcher symbolisieren sollten. Zum Leidwesen der Fans von Tschisi entschied sich der Hersteller 1999, das Produkt vom Markt zu nehmen. Als Grund wurde angeführt, dass das Eis unter modernen Gesichtspunkten der Speiseeisherstellung nicht mehr ordnungsgemäß produziert werden könne. Schon kurz nach dieser Entscheidung taten Tschisi-Fans ihren Unmut kund. Doch erst mit Aufkommen der sozialen Medien erhielt das Thema neue Brisanz. Immer wieder tauchte das Thema bei Facebook und auf anderen Internetseiten auf, bis die Fans sogar die Facebook-Seite mit dem *Namen „Wir wollen das Tschisi Eis zurück"* gründeten, die schnell über 85.000 Fans erreichte und wo man sich für die Wiedereinführung des Eis-Klassikers stark machte.

Wenngleich der Hersteller anfangs noch verlautbarte, dass eine Wiedereinführung derzeit nicht möglich wäre, änderte dieser seine Meinung, als auch klassische Medien auf den Zug aufsprangen. Radiosender und Zeitungen berichteten von dem Internet-Phänomen und gaben dem Thema Raum. Daraufhin kündigte Unilever an, das Eis noch einmal produzieren zu wollen und traf damit eine aus wirtschaftlicher Sicht wohl sehr kluge Entscheidung. Innerhalb der ersten 7 Tage nach Verkaufsstart wurde eine Menge von 1,7 Mio. Stück abgesetzt, was ungefähr der Gesamt-Jahresmenge vergleichbarer Eissorten entspricht. Die Maschinen bei Unilever standen nicht still. Es kam zu Hamsterkäufen und zwischenzeitlich galt das Eis vielerorts als ausverkauft.

In der Zwischenzeit gibt es in Blogs einige Mutmaßungen darüber, ob der Beginn dieser Bewegung tatsächlich aus der Mitte der Konsumenten kam oder ob es sich dabei um eine geschickt lancierte Werbekampagne handelte. Schlussendlich dürfte die Anzahl echter Fans, die ihren Wunsch nach der Wiedereinführung kundtaten, jedoch ausschlaggebend für den Produkt-Relaunch gewesen sein. Wären die Reaktionen in Social-Media-Kanälen und in anderen Medien nicht gewesen, hätte der Hersteller die Wiedereinführung vorerst wohl weiterhin auf die lange Bank geschoben.[xxviii]

SCHWEDENBOMBEN SOLLEN WEITERLEBEN

Ein anderes Beispiel, bei dem Konsumenten durch ihre Tatkraft dem Verschwinden eines Produkts vom Markt noch zuvorgekommen sind, ist das der Schwedenbomben der Wiener Firma Niemetz. Seit der Erfindung der Schwedenbomben 1926 erfreuten sich die Schokoküsse in ganz Europa und insbesondere in ihrer Heimat Österreich großer Beliebtheit. So überrascht es nicht, dass die Freude getrübt wurde, als im Sommer 2012 bekannt wurde, dass der Hersteller Niemetz in finanziellen Schwierigkeiten war und 2013 der Insolvenzantrag aufgrund von Steuerschulden gestellt wurde.

Die Fans der Schwedenbomben wollten sich mit dem bevorstehenden Verschwinden der Schokoladen-Delikatesse aus den Supermarktregalen allerdings nicht abfinden und sorgten durch ihre Social-Media-Aktivitäten ironischerweise schon bald genau dafür – nämlich für leere Regale. Allerdings nicht aufgrund der Finanzsituation des Herstellers, sondern weil die Fans die Regale leerkauften. Nachdem die Facebook-Gruppe *„Rettet die Niemetz Schwedenbombe"* innerhalb von kurzer Zeit mehr als 40.000 höchst aktive Fans verzeichnete, die zu Hamsterkäufen aufriefen, stiegen die Absätze bei Niemetz Schwedenbomben in der Folge geradezu explosionsartig an und viele Supermarktfilialen sahen sich mit Lieferengpässen konfrontiert. Sogar der Masseverwalter von Niemetz meldete sich in einer schriftlichen Stellungnahme lobend zu Wort:

„Die beste Unterstützung für Niemetz liegt im Verzehr ihrer Produkte."

Zwar konnte die Rettung von Niemetz als eigenständiges Unternehmen, das 2013 an die Meinl-Gruppe verkauft wurde, durch die Aktionen nicht mehr herbeigeführt werden, doch immerhin wurde die Erhaltung der Schwedenbomben am Markt gesichert. Vor dem Einschreiten der Fans hatte Niemetz große Probleme, da die Lieferanten nicht mehr bereit waren, dem insolventen Unternehmen Zutaten zu liefern. Dank der schlagartig angestiegenen Absatzzahlen und der erhöhten Aufmerksamkeit in den Medien erklärten sich die Lieferanten wieder bereit, zu liefern und die Produktion der beliebten Schwedenbomben konnte fortgesetzt werden.[xxix]

Zugegeben, die Wiedereinführung bzw. Rettung von Süßspeisen klingt nicht unbedingt nach einem Plan zur Rettung der Welt, doch es zeigt, dass Konsumentinnen und Konsumenten sehr wohl in der Lage sind, die Entscheidungen und Entwicklung von Unternehmen markant zu beeinflussen und zu steuern. Um derart kurzfristig Ergebnisse zu erzielen wie in den beiden genannten Fällen, scheint es allerdings wichtig zu sein, sich zu organisieren und konsequent gemeinsam an einem Strang zu ziehen.

WER HAT HIER DAS SAGEN?

In den beiden zuletzt beschriebenen Beispielen wurden Unternehmen dank der Unterstützung von Konsumenten dazu gebracht, weiterhin das zu tun, was ihre Kernaufgabe darstellt. Nämlich Produkte zu produzieren oder in einem Fall sogar wieder aufleben zu lassen. Umgekehrt haben Konsumenten allerdings auch die Macht, genau das Gegenteil zu bewirken, Marken erheblich zurückrudern zu lassen und Produktlinien sogar einzustellen, wenn sie etwas tun, das den Konsumenten ganz und gar nicht gefällt. Und zwar durch eine sehr einfache Maßnahme. Denn begleitet von Social-Media-Aktivitäten, Online-Petitionen und dem Informieren der Öffentlichkeit tun die Konsumenten vor allem eines: Sie entziehen den Unternehmen ihre Kaufkraft und lassen diese schmerzhaft spüren, dass sie tatsächlich verärgert sind. Mit einem Schlag lenken sie ihre Geldströme um und bewirken dadurch plötzlich Großes.

DER FALL PINK SLIME

Nicht alles, das nach Fleisch aussieht, ist auch Fleisch, wie wir es uns wünschen würden. Als *Pink Slime* werden mit Konservierungsmitteln haltbar gemachte Rindfleischprodukte bezeichnet, bei denen vor allem Fleischabfallprodukte verwertet werden, um daraus noch essbare Fleischerzeugnisse herzustellen.[xxx] Das Endprodukt hat mit richtigem Fleisch nicht mehr allzu viel zu tun, wird aber in großem Maße in Bereichen der Lebensmittelindustrie, vor allem in Nordamerika, wo die gesetzlichen Bestimmungen (noch!) lockerer sind als in Europa, verwendet.

Aufmerksam auf diese Vorgangsweise und die tatsächlichen Inhaltsstoffe von Pink Slime, das von der Industrie auch gerne als *„finely textured lean beef"*[xxxi] bezeichnet wird, machte die amerikanische Öffentlichkeit der britische Fernsehkoch Jamie Oliver, als er in einer Show anschaulich vor einer Schulklasse und den Eltern der Kinder zeigte, wie Pink Slime tatsächlich hergestellt wird. Mit der riesigen Resonanz auf seine Darbietung hatte aber selbst der bühnenerprobte Koch wahrscheinlich nicht gerechnet. Er zeigte den Herstellungsprozess so anschaulich, dass den Zuschauern der Ekel ins Gesicht geschrieben stand!

Die Reaktionen ließen nicht auf sich warten. Blogger sprangen auf den Zug auf und informierten ihre Leserschaft, Online-Petitionen wurden gestartet, Schulen stellten die Einkäufe für das Kantinenessen um, besorgte Eltern mieden den Einkauf von Rindfleisch und schließlich nahmen sogar die großen Fast-Food-Ketten Pink Slime aus ihrer Produktionskette und stellten auf andere Fleischarten um. Die Folgen für die Hersteller des Separatorenfleischs waren dramatisch. Der Fleisch-Riese AFA Foods, der bis dahin pro Jahr 225 Millionen Kilogramm Fleisch verarbeitete, musste Insolvenz anmelden. Andere Unternehmen der Branche mussten Niederlassungen vorrübergehend schließen oder die Produktion zurückfahren. Einige begannen auch, auf den Verpackungen ihrer Produkte Hinweise darauf zu geben, wenn es sich um mit *Finely Textured Beef* hergestellte Produkte handelte. Indes fielen die Kurse für Rinder-Futures an der Chicago Mercantile Exchange auf den tiefsten Kurs seit dreieinhalb Monaten. Entscheidend für diesen Erfolg für Lebensmittelqualität war einerseits, dass die Konsumenten erkannt hatten, wie gefährlich oder auch ekelerregend die Herstellung ihrer Burger und Würstchen vor sich ging und sich andererseits dazu entschieden, dafür kein Geld mehr auszugeben, sondern sich Alternativen suchten, die es in der Regel immer gibt.[xxxii]

xxxiii

Für Umsatzrückgänge in ähnlichen oder gar noch größeren Dimensionen sorgte auch das *Aufwachen* der Öffentlichkeit hinsichtlich des Ausmaßes von Geheimdienst-Überwachung. xxxiv Die Entwicklung wurde angestoßen durch die Enthüllungen von Edward Snowden im Juni 2013, der bis dahin als technischer Experte für die US-amerikanischen Geheimdienste CIA, NSA und DIA gearbeitet hatte. Als dieser geheime Dokumente, die als Beweise für die weltweite Internet-Spionage durch amerikanische Geheimdienste gehandelt werden, der Washington Post und dem Guardian zuspielte und diese Zeitungen die Dokumente teils veröffentlichten, ging eine Welle der Empörung um die Welt. Weitere Recherchen und Berichte deuteten darauf hin, dass die Daten von Privatpersonen, Firmen und auch Politikern ausgespäht und gesammelt wurden.

Obwohl US-amerikanische Regierungsvertreter die Ereignisse zu ignorieren versuchten oder in den besten Fällen verharmlosten, ging das Vertrauen in amerikanische Unternehmen zurück. Vor allem in solche, die mit Kundendaten arbeiten. Als dann noch einige Anbieter verschlüsselter E-Maildienste in den USA wie Lavabit[xxxv] oder Silent Circle vom Netz genommen wurden mit dem Hinweis der Geschäftsleitungen, dass man diesen Schritt nicht gerne gehe, sondern eher dazu gezwungen werde, um die Datensicherheit ihrer Kunden nicht aufzugeben, drohte dem Silicon Valley ein schmerzvoller Vertrauensverlust.

Viele der großen Namen der amerikanischen IT-Branche mussten in der Folge herbe Umsatzeinbußen hinnehmen und das vor allem in den wichtigen Märkten in Europa und Asien. Schätzungen zufolge könnten die Umsatzeinbußen bis 2016 zwischen 22 und 180 Mrd. US-Dollar liegen.[xxxvi] Auch hier handelte es sich lediglich um ein Entziehen von Macht in Form von einem Entziehen von Kaufkraft – im Gegensatz dazu erfreuten sich etwa europäische Anbieter rasanter Umsatzanstiege, da Kunden ihre Daten lieber auf Servern speichern wollten, für die zumindest europäisches Recht gültig ist. Diese Entwicklung zwang große Konzerne zum Handeln. Viele Dienste führten plötzlich Verschlüsselungen ein und beteuerten, dass Kundendaten bei ihnen sicher wären. Zudem schuf eine Gruppe von namhaften IT-Unternehmen, darunter Google, Yahoo, Facebook,

Twitter, Apple, AOL und Microsoft die Initiative „Reform Government Surveillance", um gegen Gesetze und Praktiken der Regierung vorzugehen, die die Datensicherheit bedrohten.[xxxvii] Google überlegte sogar, mit Servern ins Ausland abzuwandern.[xxxviii]

Derzeit scheint sich die Aufregung wieder etwas gelegt zu haben und die Aufmerksamkeit der Bevölkerung hat sich auf andere Themen in den Nachrichten verteilt. Es wird sich zeigen, wie ernst gemeint diese Ansage war und ob der Wille der Privat- und Firmenkunden stark genug sein wird, um auch die Entscheidungen ganzer Staaten wie den USA zu beeinflussen, ihre Aktivitäten zu überdenken. Bei Entscheidungen anderer Staaten war dies jedenfalls bereits der Fall. So hat Deutschland angekündigt, einen Vertrag mit Verizon[xxxix] kündigen zu wollen und Brasilien hat einen Auftrag für den Ankauf von Kampfjets anstatt an Boeing kurzerhand doch an den schwedischen Konkurrenten Saab vergeben.

Die betroffenen Unternehmen reagieren. Viele sehr langsam und die meisten erst, wenn es (finanziell) weh tut. Aber sie reagieren!

KUNDEN VERGESSEN

Wir wissen nun, dass Konsumentinnen und Konsumenten eine gewisse Macht über Unternehmen und deren Entscheidungen haben. Ein Faktor allerdings, der für die Unternehmen mitspielt, ist die Vergesslichkeit der Kunden. Besonders gut beobachten lässt sich diese bei Produkt-Skandalen, die für einige Wochen durch die Medien geistern und uns überall immer wieder begegnen. Seien es die schlechten Arbeitsbedingungen in der Herstellung von Smartphones oder dass man uns verdorbenes Fleisch unterjubeln wollte — egal, welcher Skandal eine Branche auch trifft, die Hersteller können sich in den meisten Fällen sicher sein, dass Kunden im Allgemeinen sehr vergesslich sind. Kurzfristig ändern sie zwar ihre Kaufgewohnheiten, greifen dann aber bald wieder zu den bisher bevorzugten Produkten. Geht man nach der Meinung von Kommunikationspsychologie-Experten der Universität Wien, liegt dies daran, dass die Kapazität unseres Kurz- wie auch Langzeitgedächtnisses zunehmend abnimmt, da die Informationslast auf unser Gehirn stetig ansteigt.[xl]

Wer also nicht bewusst über seine Kaufhandlungen

nachdenkt und rechtzeitig Maßnahmen setzt, um diese nachhaltig zu ändern, wird bald wieder dort einkaufen, wo er immer eingekauft hat, auch wenn er mit dem Verhalten des Händlers oder Herstellers eigentlich überhaupt nicht einverstanden ist. Was hier helfen kann, sind Konsequenz und einfach zu merkende Regeln für sich selbst, um die jeweilige Produktgruppe zu meiden bzw. konsequent ein Alternativprodukt zu wählen.[xli]

VERSTECKTE KÄUFE

In unserer modernen Welt schlummern viele versteckte Käufe, die wir tagtäglich tätigen, ohne es eigentlich zu merken. Und mit jedem dieser versteckten Käufe geben wir unsere Bestätigung und unser Okay dafür ab. Nicht immer handelt es sich dabei um einen Kauf im engeren Sinne, also dass eine Ware gegen Geld getauscht wird. In diesen Fällen fließt zwar Geld, aber wir kaufen eine Dienstleistung, deren Erbringung durch Unternehmen natürlich nicht kostenlos vonstattengeht.
Was ist gemeint? Hier ein kleines Beispiel. In den letzten Jahren sind trotz der zunehmenden Nutzung von Online-Medien auch neue, kostenlose Printzeitungen aufgetaucht. Diese Zeitungen und Zeitschriften finanzieren sich in den meisten Fällen komplett durch Werbung. Wir kaufen diese Zeitungen nicht mit Geld, aber wenn wir ein Exemplar, das an der Zugstation oder

anderswo ausliegt, mitnehmen, kaufen wir es irgendwie dann doch. Zumindest geben wir unsere Zustimmung zur Existenzberechtigung dieses Mediums, das in der Folge hohe Auflagenzahlen vorweisen kann, was wiederum Werbekunden dazu bringt, viel Geld für Werbeanzeigen in dem Medium auszugeben. Ähnlich verhält es sich natürlich auch mit Online-Ausgaben von Zeitschriften, Magazinen oder Blogs im Internet. Hier funktioniert es manchmal ein bisschen anders. Manchmal, aber nicht immer bezahlen Werbekunden hier per Klick, sodass erst mit dem Klick auf eine Werbeanzeige Geld an den Webseitenbetreiber fließt. Andere Werbebanner auf diesen Webseiten werden von den Werbekunden durchaus auch auf monatlicher Basis oder per 1000 Views gebucht. Je mehr Menschen sich die Webseite ansehen, desto mehr Views sind vorhanden, die verkauft werden können und dazu beitragen, dass es dieses Medium und alles darin auch weiterhin geben wird. Das reine Ansehen eines Artikels in einer Online-Zeitung kann also schon eine Aktion darstellen, mit der wir das jeweilige Medium maßgeblich unterstützen — ganz egal, ob wir mit dem dort gebotenen Journalismus zufrieden sind oder nicht.

Mit jeder dieser oftmals unbemerkten Entscheidungen geben wir unsere stille Zustimmung für ein Unternehmen, seine Art der Ressourcennutzung oder ein bestimmtes System ab, indem wir es finanziell oder ideell (also beispielsweise durch „Likes" in sozialen Medien) unterstützen.

Verkehr

Obwohl viele Studien nahelegen, dass private Haushalte, die Industrie und beispielsweise auch die Landwirtschaft mindestens ebenso große Auswirkungen auf den Klimawandel haben wie der Verkehr, ist dieser Sektor nach wie vor ein mit vielen Emotionen besetztes Thema und muss vielfach auch als vermeintlich alleiniger Sündenbock für Umweltverschmutzung herhalten. Gleichzeitig handelt es sich bei Mobilität um ein grundlegendes Bedürfnis, auf das wir in unserer modernen Welt kaum verzichten wollen. Dank Lkw, Pkw, Zügen, Schiffen, U-Bahnen, Straßenbahnen, Bussen und auch Flugzeugen oder Helikoptern werden Güter und Personen vom anderen Ende der Welt exakt an ihren Bestimmungsort transportiert. Die Kehrseite davon kennen wir. Abgesehen davon, dass immer mehr Rohstoffe für die Herstellung von immer mehr Fahrzeugen aufgewendet werden, findet sich der Kernpunkt der Kritik im Verbrennen von nicht unendlich vorhandenem Erdöl, für das sogar Kriege geführt werden und mit dem wir vielleicht auch sinnvollere Dinge tun könnten sowie in der Schadstoffbelastung. Auch hier denke ich, liegt der erste Schritt zu einem Wandel nicht unbedingt darin, den Transportsektor von einem Tag auf den anderen komplett abzuschaffen oder umzukrempeln. Auch hier ist es wohl einfacher und zielführender, zu versuchen, die schädlichen Auswirkungen zu reduzieren. Dass jeder entscheiden kann, ob er das Flugzeug, den Zug, das Rad, den Bus oder das Auto für bestimmte Strecken verwendet, dürfte bekannt sein und ist sicher eine gute Möglichkeit, um die Folgen des eigenen Mobilitätsbedürfnisses zu beeinflussen. Doch es gibt noch andere Steuerungsfaktoren.

Wer wie ich in einer ländlichen Gegend ohne Bahnanschluss und mit spärlicher Busverbindung aufgewachsen ist, der tut sich wahrscheinlich schwerer, sich von der Automobilität zu trennen. Und ich denke auch nicht, dass das unbedingt notwendig ist.[xlii] Wie auch beim Beispiel mit dem Fleisch muss es nicht sein, dass 50% von uns komplett auf motorisierte Mobilität verzichten. Zielführender wäre es vielleicht, wenn jeder von uns 50% seiner Mobilitäts-Aktivitäten überdenkt, um insgesamt die gleiche oder gar eine bessere Wirkung zu erzielen. Auch Autobesitzer können viele Entscheidungen treffen, die entscheidende Auswirkungen haben können. In meinem eigenen Umfeld kann ich immer mehr Menschen sehen, die auf flexible Home-Office-Modelle umsteigen oder sogar einen schlechter bezahlten Arbeitsplatz in Kauf nehmen, der dafür näher an ihrem Zuhause liegt. Es scheint, als würden immer mehr Menschen erkennen, dass ihnen das tägliche Pendeln in die Arbeit Lebensqualität nimmt.

Ich kenne auch einige Menschen, die ihre Arbeitswoche bewusst von 5 auf 4 Tage pro Woche reduziert haben, wohlwissend, dass sie dann auch etwas weniger verdienen. Dank unserer vernetzten Welt können immer mehr Menschen von zuhause aus am Computer arbeiten. Immer mehr Unternehmen erlauben dies auch und erkennen die Vorzüge dieser Arbeitsweise. Ein wesentlicher Faktor, vor dem sich viele Unternehmer fürchten, wenn es darum geht, Mitarbeiter von zuhause aus arbeiten zu lassen, ist die Angst, die Kontrolle über den Mitarbeiter zu verlieren und ihn nicht stark genug an das Unternehmen binden zu können. Doch wenn über Home-Office-Modelle diskutiert wird, bedeutet dies nicht, dass die Mitarbeiterinnen und Mitarbeiter 100% ihrer Arbeitswoche daheim verbringen müssen. Ganz im Gegenteil schätzen es die meisten Angestellten, immer wieder einmal ins Büro kommen zu können und sich mit Kollegen auszutauschen und über Projekte zu sprechen oder dort Arbeit zu erledigen, die sie daheim nicht so effizient erledigen könnten, während sie zuhause aber vielleicht wiederum die nötigen Kreativitätsphasen finden. In vielen Branchen spricht nichts dagegen, wenn die Mitarbeiter nur 2 bis 3x pro Woche ins Büro pendeln und den Rest der Woche daheim verbringen. Für viele ist dies sogar ein enormer Anreiz, sich mit dem Unternehmen zu identifizieren. Sie sind gelassener, können private Termine einfacher wahrnehmen und schauen mitunter gar nicht so genau auf die Stechuhr, wenn sie von zuhause aus einmal eine Nachtschicht einlegen. Durch die geringere Pendelzeit gewinnen sie außerdem an Freizeit und damit an Lebensqualität. Sie können ausgeruhter an die Arbeit gehen, was wiederum den Unternehmen hilft, für die sie arbeiten.

Reisen

Eine Zeit, in der wir wohl am wenigsten an die Auswirkungen unserer Handlungen denken möchten, ist ganz sicher die Urlaubszeit. Wir wollen endlich abschalten, uns gehen lassen, uns um nichts kümmern und die Seele baumeln lassen. Klare Sache. Dennoch hat der Tourismus große Auswirkungen auf die Welt, in der wir leben. Wenn Busse, Flugzeuge und Schiffe Treibstoff brauchen, wenn riesige Hotels in Naturschutzgebiete oder über archäologisch wichtige Fundstätten gebaut werden, wenn Tiere in Zoos unter fragwürdigen Bedingungen in Tierparks gehalten werden, wenn Speisen für Luxusrestaurants um die halbe Welt geflogen werden und wenn Hotelburgen kein ordentliches Müll-Recycling-System besitzen und wir uns dennoch dafür entscheiden, hat das Auswirkungen.

Genauso hat es auch Auswirkungen, wenn eine Kreuzfahrtlinie auf geringen Verbrauch und Nachhaltigkeit achtet, wenn Hotels grünen Tourismus favorisieren, wenn Restaurants authentische Produkte regionaler Produzenten unterstützen, wenn geschützte Wildparks für Tiere in freier Wildbahn geboten werden oder wenn Menschen, die in unserem Urlaub für uns arbeiten, voll und ganz in ihrer Tätigkeit aufgehen und wir uns genau dafür entscheiden. Reisen, der Besuch ferner Länder, das Kennenlernen anderer Kulturen, das Zulassen neuer Einflüsse in unserem Leben und das Erweitern unseres Horizonts, die Erholung und das sich Gehenlassen sind immens wichtig und für viele Menschen ein Teil ihres Lebens, auf den sie keinesfalls verzichten möchten. Es ist nur die Frage nach der Art und Weise, wie wir es tun. Nicht immer wird es überall Alternativen geben, aber häufig. Ich glaube, gerade hier ist es noch wichtiger als irgendwo sonst, die hinsichtlich Moral, Umwelt oder gesellschaftlicher Auswirkungen *richtigen* Entscheidungen nicht mit Mangel in Verbindung zu bringen, sondern im Gegenteil mit Überfluss. Überall auf der Welt gibt es kluge Köpfe, die bereits an außergewöhnlichen Lösungen der Zukunft arbeiten. Warum sollte es nicht eines Tages möglich sein, dass jeder mit seinem eigenen Privatjet in den Urlaub fliegt, dort eine private Villa am Meer mit Pool nutzen kann und jederzeit eine Yacht für Ausflüge zur Verfügung haben kann und z.B. der ökologische Fußabdruck dabei dennoch weitaus geringer ist als bei einem heutigen All-Inclusive-Resort-Urlaub? Vielleicht müssen wir die Dinge nur anders andenken.

SICH FÜR UNTERNEHMEN INTERESSIEREN, DIE UNS VERSORGEN

Manchmal habe ich den Eindruck, als hätten wir die Verbindung zu den Unternehmen verloren, die hinter den Produkten stehen, die wir täglich in Anspruch nehmen. Oft verstecken sie sich hinter irgendwelchen Noname-Marken oder sogar bekannten Top-Marken. Der tatsächliche Ort und die Art der Herstellung werden allerdings häufig hinter einer bunten und fantastischen Fassade versteckt.[xliii] Hinzu kommt, dass Unternehmen heute eng miteinander verflochten sind und die tatsächlichen Eigentümerfirmen häufig wiederum anderen Eigentümern gehören usw. usw. Umso wichtiger ist es, dass wir wieder beginnen, uns für die Unternehmen zu interessieren, von denen wir kaufen. Vielleicht sogar ganz besonders, wenn es sich um große, international agierende Unternehmen handelt.

Aktiengesellschaften beispielsweise sind sehr komplexe Gebilde. Durch den Aufkauf von Aktien erlangen Investoren mitunter auch gegen den Willen der ursprünglichen Eigentümer die Anteilsmehrheit und damit auch Stimmrechte, sodass sie in der Lage sind, wichtige Entscheidungen des Unternehmens zu treffen. Es liegt in der Natur des Marktes, dass die Aktionäre sich selbstverständlich möglichst hohe Gewinne von ihren Wertpapieren und in der Folge vom

Unternehmen erwarten. Der Sitz des Unternehmens befindet sich bei international agierenden Firmen naturgemäß oft weit weg vom Wohnsitz der Aktionäre.

Könnte es sein, dass diese räumliche Distanz dazu beiträgt, dass an sich unpopuläre Entscheidungen, die aber dem Gewinn zuträglich sind, dadurch eher durchgepeitscht werden können? Etwa die Entlassung von Mitarbeitern oder die Auflassung und Verlagerung von Standorten? Nehmen wir an, es gäbe da ein deutsches Familienunternehmen, das seit 150 Jahren von einer Generation an die nächste Generation weitergegeben wurde und das es durch weitsichtige Verwaltung und gute Wertarbeit zu internationalem Ruf gebracht hat. Mit seinen hochwertigen Produkten ist es daher in den wichtigen Märkten gefragt. Dieses Unternehmen hat es immer verstanden, seine Mitarbeiter gut zu behandeln. Diese genießen neben Kinderbetreuung am Arbeitsplatz und einer betrieblichen Vorsorge auch hohe Arbeitsplatzsicherheit. Sogar ein zukünftiger Ausbildungsplatz für ihre Kinder wird in Aussicht gestellt. Im Gegenzug handelt es sich um sehr loyale Mitarbeiter aus der Region, die ihr Bestes geben wollen, damit das Unternehmen floriert.

Doch nach der vierten oder fünften Generation kann kein geeigneter Nachfolger in der Unternehmerfamilie mehr gefunden werden, der das Geschäft weiterführt. Schweren Herzens wird der Verkauf angestrebt.

Die Mehrheitsanteile werden von einem Investmentfonds aus Übersee angekauft. Die vorrangige Strategie dieses Investmentfonds ist eine gängige Praxis. Geeignete Unternehmen werden angekauft, einige Jahre gehalten und möglichst profitabel gemacht, um sie anschließend wieder mit Gewinn weiter zu verkaufen. Die am Investmentfonds beteiligten Anleger freut das. Denn sie erhalten somit die ihnen zugesicherte Rendite aus ihrer Kapitalanlage. In der Regel wissen sie vielleicht gar nicht unbedingt genau, dass sie eine Beteiligung an diesem speziellen Investmentfonds halten. Sie haben lediglich einen monatlichen Sparplan mit moderatem Risiko bei dem Berater ihrer Bank abgeschlossen, der einen klingenden Namen trägt und vielversprechende Kursgrafiken im Prospekt aufweisen kann. Wie genau die versprochenen 7% Verzinsung p.a. zustande kommen, wissen sie mitunter nicht wirklich und es ist ihnen auch nicht sonderlich wichtig, solange es nur der Fall ist. Der Sparplan ist eigentlich ein Fonds, der in verschiedenste weitere Fonds und Unternehmen investiert. Darunter eben auch besagter Investmentfonds, der soeben das Traditionsunternehmen aus Deutschland gekauft hat.

Was also kann ein Team von Managern tun, das die Aufgabe bekommt, ein Unternehmen am anderen Ende der Welt, das einen guten Ruf und ein eingespieltes Vertriebsnetz hat, aber nur mittelmäßig oder gar nicht profitabel ist, innerhalb einer festgelegten Zeit in die Gewinnzone zu führen, um den

Anlegern die versprochene Rendite auszahlen zu können und sich selbst den verlockenden Bonus?

Eine Möglichkeit wäre es selbstverständlich, in das Werk zu reisen, sich das Unternehmen anzusehen und zu versuchen, die Funktionsweisen und Abläufe genauer zu verstehen, um anschließend vielleicht eine neue Marktstrategie zu entwerfen, neue Partner an Bord zu holen oder Produkte abzuändern, nachdem man auch gehört hat, was sich die Konsumenten wünschen. Zugegeben, eine Strategie, die viel Aufwand mit sich bringt und Zeit kostet. Und das für ein Unternehmen, zu dem man bisher keinerlei Beziehung hatte und von dem man weiß, dass die Investmentgesellschaft, für die man arbeitet, es in einigen Jahren ohnehin wieder abstoßen möchte und man dann ein neues *Projekt* beginnen wird? Noch dazu, wenn ein derartig tiefes Engagement mit ungewissem Ausgang womöglich auch nicht vom Vorgesetzten gewünscht ist, der seinerseits wiederum bald positive Zahlen abliefern muss? Und zwar nicht nur für dieses Investment, sondern sehr wahrscheinlich auch noch für einige weitere im Portfolio des Investmentfonds.

Was bleibt also übrig? Läge es nicht näher, die Belegschaft auf ihre Notwendigkeit (oder Verzichtbarkeit) hin zu prüfen und Personal abzubauen? Wie viel ließe sich einsparen, wenn nicht mehr alles am Hochpreisstandort Deutschland erzeugt würde, sondern Halbfertigprodukte aus Asien importiert würden? Sind die hohen Kosten der über Jahrzehnte aufgebauten freiwilligen Betriebsleistungen für die Mitarbeiter für die dann verkleinerte Belegschaft eigentlich noch gerechtfertigt oder könnte man durch eine Streichung nicht noch besser aussehende Zahlen erreichen?

Die Antwort ist ein großes Fragezeichen, dessen Ausgang offen ist, zumal es ein fiktives Beispiel ist. Ähnliche Fälle haben sich in der realen Wirtschaft allerdings bereits vielfach zugetragen. Dies soll ein Gedankenexperiment sein, das die Dynamiken aufzeigen soll, die plötzlich auftreten können, wenn die Entscheidungsverantwortung auf eine große Anzahl von Personen aufgeteilt wird und die Nutznießer einer Entscheidung kaum oder keine Kenntnis von den Auswirkungen für andere Menschen haben, denen dieselbe Entscheidung Schaden zufügt.

Selbstverständlich gibt es wie immer auch Positivbeispiele und natürlich lassen sich große, komplexe Unternehmensstrukturen nicht per se als nachteilig bezeichnen. Unternehmen, die als Aktiengesellschaften organisiert sind, haben große Chancen auf Finanzierungsseite und hinsichtlich Expansion, sind aber auch gewissen Risiken ausgesetzt; etwa die Selbstbestimmung aus der Hand zu geben. Vielleicht ist dies auch mit ein Grund, weshalb sich der Milliardenkonzern Red Bull trotz seiner Größe bis heute dazu entschieden hat, eine GmbH zu bleiben.

Eine reiche
Elite steuert die Welt

In vielen Reports zur Analyse der Wohlstandsverteilung einzelner Länder und in der Welt sowie auch in vielen Foren und Blogs, die Kritik am aktuellen Wirtschafts- und Finanzsystem üben, ist immer wieder die Rede davon, dass eine kleine Elite reicher Menschen über einen Großteil des Vermögens verfügt und daher auch die Macht hat, den Lauf der Welt zu einem großen Teil mitbestimmen zu können.

Tatsächlich ist es so, dass die Schere zwischen Arm und Reich in vielen Ländern weiter auseinander klafft, als unser Vorstellungsvermögen es zulässt.

Dennoch müssen wir uns dessen bewusst sein, dass wenn von der reichen Elite die Rede ist, nicht zwangsläufig von einer Jetset-Gruppe an Industriellen und Konzerneigentümern die Rede ist und auch nicht nur von Millionärinnen und „Berufssöhnen", die zwischen Monaco und St. Moritz pendeln und sich die Zeit mit Champagner und Polo vertreiben.

Nein. Die Rede ist von uns!

Ja, ich behaupte, wir sind reich. Sehr wahrscheinlich ist jeder Leser und jede Leserin dieses Buches reicher, als er oder sie es vielleicht für möglich hält! Auch wenn ihr euch in eurem Bekannten- und Verwandtenkreis umseht und euch selbst vielleicht eher zu den Personen mit niedrigerem Einkommen zählt und eventuell ab und an auch damit zu kämpfen habt, die Rechnungen zu bezahlen, behaupte ich weiterhin, dass ihr mit hoher Wahrscheinlichkeit sehr reich seid. Wenn ihr euch den *„Luxus"* eines Buches als Freizeitlektüre oder auch zur persönlichen Weiterbildung leisten könnt, bin ich überzeugt, dass ihr vermutlich sogar zu den reichsten Menschen der Welt zählt. Ja, richtig gelesen! Vielleicht sogar zur globalen *Elite* der Reichen, die größer ist, als ihr es wahrscheinlich vermuten würdet. Aber was rede ich da eigentlich?

Nun, wir Menschen tendieren dazu, uns mit unserem direkten Umfeld zu vergleichen, doch wir schauen nur selten über den Tellerrand hinaus, da wir Menschen aus anderen Teilen der Welt natürlich nicht so oft zu Gesicht bekommen wie etwa unsere Nachbarn oder Arbeitskollegen mit ihren schönen Häusern und tollen Autos. Natürlich wissen wir aus den Medien und anderen Informationsquellen, dass es Arme auf der Welt gibt, schätzen uns selbst aber vielleicht auch nicht unbedingt als wohlhabend ein, was auch daran liegen mag, dass Menschen in Ländern mit höheren Einkommen auch mit höheren Lebenshaltungskosten konfrontiert sind[xliv] und sie dieses Umfeld als Bezugspunkt nehmen. In einem globalen Maßstab sieht die Sache allerdings komplett anders aus. Ein Blick lohnt sich!

Die Webseite www.globalrichlist.com führt sehr anschaulich vor Augen, wie Vermögen auf der Welt verteilt ist. Anhand des persönlichen Jahreseinkommens oder des eigenen Vermögens kann dort jeder in wenigen Sekunden berechnen, an welcher Stelle der reichsten Menschen der Welt er oder sie aktuell steht.
Vermutlich werdet ihr verwundert darüber sein, wie weit vorne ihr gereiht seid!

Als Autor dieses Buches nehme ich mich von diesem wohlhabenden Teil der Weltbevölkerung selbstverständlich nicht aus, auch wenn ich selbst nicht immer weiß bzw. wusste, wie ich meine monatlichen Fixkosten bezahlen sollte und ich mich im Vergleich zu vielen Menschen in meinem Umfeld als nicht wohlhabend bezeichnet hätte.

Wirklich armen Menschen jedoch fehlen oft schon grundlegende Voraussetzungen dafür, eine Sache umzusetzen wie etwa ein Buch zu schreiben. Und vor allem: sie sind gezwungen, ihren Tagesablauf mit anderen Tätigkeiten zu füllen!

Neben den materiellen Voraussetzungen wie Schreibutensilien und vielleicht auch eines geeigneten Ortes, sind es aber auch die zeitlichen Voraussetzungen dafür. Denn wer sich täglich darum sorgen muss, genug zu essen zu haben, hat gänzlich andere Sorgen, als sich zu fragen, welches Kapitel er demnächst zu Papier bringen will.

Daraus wird leider auch offensichtlich, dass diese Personen weitaus weniger über ihre Konsumausgaben bewegen können. Wir aber können es! Und wir sollten diese Macht nutzen! Nochmal zur Erinnerung. Wir sind reicher als wir für möglich halten!

Und? Schon ein erstes Gefühl für Reichtum entwickelt? Wenn wir erst einmal verstanden haben, dass wir als Bewohner wohlhabender Länder oder natürlich auch als Bürger mit ähnlichem Wohlstand in anderen Teilen der Welt die *„reiche Elite"* sind, von der häufig gesprochen wird und dass wir global gesehen immense (Finanz-)Macht besitzen, um Warenströme zu steuern, Entscheidungen zu beeinflussen und es daher vor allem auch an uns liegt, die Welt zu einem besseren und faireren Ort zu machen, denke ich, dass dies ein erster Schritt ist, diese Macht auch tatsächlich zu nutzen!

Beispielgrafik globalrichlist.com: Berechnet mit dem durchschnittlichen Nettoeinkommen der EU-28-Staaten von €17.661 jährlich im Jahr 2013.[xlv]

LÖSUNGSANSÄTZE

Scheckbuchdiplomatie kultivieren

Was also tun mit unserer nun offensichtlich gewordenen Macht? Nun, wir können natürlich weiterhin das tun, was wir bisher getan haben. Oder wir nutzen sie!

In diesem Buch habe ich schon einige Male erwähnt, dass die Auswahl, die uns als Konsumenten heute zur Verfügung steht, einfach riesig ist. Es ist also nicht etwa ein beschränktes Angebot, das uns dazu zwingt, (Kauf-)Entscheidungen zu treffen, deren Folgen uns nicht gefallen. Dank des Internets können wir auf Dienstleistungen und Produkte aus der ganzen Welt zugreifen, von unterschiedlichsten Unternehmen in verschiedensten Größen und mit den faszinierendsten oder auch langweiligsten Geschäftsmodellen. Wir können die Produkte eines Herstellers in den meisten Fällen ebenso auch bei unterschiedlichen Händlern kaufen. Warum beschränken wir uns also immer wieder nur auf die drei oder vier Big Player, die so omnipräsent sind? Ich denke, die Antwort darauf ist einfach und ich will etwas später noch genauer auf diesen Faktor eingehen.

Weil es verdammt einfach ist! Wenn wir immer wieder dieselben Kaufmuster verfolgen, müssen wir nicht viel darüber nachdenken, wir müssen nicht neue Läden aufsuchen oder lange Wege auf uns nehmen, wir müssen kein Risiko eingehen, dass wir mit der Ware eventuell nicht zufrieden sind oder dass uns der Verkäufer nicht zu Gesicht steht und zumeist spielen auch noch Preis und Image eine gewisse Rolle für unsere Kaufentscheidung –gewohnheit.

Dennoch ist die Welt um so vieles bunter und es macht Spaß, neue Anbieter und Services auszuprobieren.

In den letzten Jahren ist es mir schon häufig passiert, dass ich eine bestimmte Software kaufen wollte oder auch ein anderes Produkt, von dem ich mir einen bestimmten Nutzen versprochen habe, aber das ich aus verschiedenen Gründen nicht bei dem offensichtlichsten Anbieter kaufen wollte. Und es ist mir noch so gut wie nie passiert, dass ich nicht nach einiger Recherche im Internet auch einen anderen Anbieter finden konnte, der ein ähnliches Produkt im Angebot hatte und der auch sonst meinen Vorstellungen entsprochen hat. In vielen Fällen war ich sogar begeistert, dass das Alternativprodukt noch zusätzliche Funktionen aufwies, ich es zu besseren Konditionen erstehen konnte, es umweltfreundlich hergestellt wurde oder ich mit meinem Kauf sogar ein Unternehmen aus meiner Umgebung unterstützen durfte.

Dazu gesellen sich heute noch viele weitere Angebote wie etwa aus der Welt des Open Source. Dabei handelt es sich um Produkte, die der Allgemeinheit kostenlos, oft sogar mit Bauplänen, zur Verfügung gestellt wurden, anstatt sie zu patentieren und zu vermarkten. Wer möchte, kann Geld in Form von Spenden zurückfließen lassen, es besteht allerdings keine Verpflichtung dazu.

Interessant ist, dass sich dieses Konzept, das man in klassischen Betriebswirtschafts-Lehrgängen wohl kaum kennenlernen wird, mittlerweile auch auf den Bereich der Dienstleistungen ausgedehnt hat. Dabei sind es häufig neue Branchen, die auf diese neuartige Strategie setzen und keinen festen Preis für ihr Tun festsetzen. Für sie steht häufiger im Vordergrund, das tun zu können, was ihnen Freude macht und vor allem anderen Menschen damit helfen zu können, anstatt möglichst schnell möglichst viel Geld damit zu verdienen. Aus meinem eigenen Umfeld kenne ich so z.B. Energetikerinnen, Webdesigner, Potenzialvernetzer und sogar Traumentwickler, die kein klassisches Geschäftsmodell haben, sondern diese Form sogar als das natürlichere und menschlichere Miteinander ansehen. Es gibt weder Preistafeln, noch wird sofort nach der erbrachten Dienstleistung eine Rechnung gestellt oder Geld erwartet. Oft sind diese Expertinnen und Experten auch für Menschen tätig, die sich in ihrer derzeitigen Lebensphase die Dienstleistung auch gar nicht leisten könnten, auf diese Weise aber dennoch die Unterstützung erfahren, die sie brauchen und sich vielleicht Jahre später zurück erinnern und Geld oder Wertschätzung in anderer Form zurückfließen lassen.

Ein anderes Beispiel sind Online-Journalisten, die mit ihren YouTube-Kanälen, Blogs und Magazinen eine Perspektive abseits der Mainstream-Medien liefern und auf Werbung gänzlich verzichten, sondern stattdessen gänzlich unabhängig arbeiten und sich aus Spenden finanzieren. Dies gewährleistet vor allem eine objektive, unabhängige Berichterstattung und interessanterweise kommt auf diese Weise manchmal sogar mehr Geld zusammen als über klassische Vertriebs- und Finanzierungswege.

Eine Weiterführung dieser Philosophie für Online-Medien betreibt der Service von flattr.com. flattr wurde als Reaktion auf die Entwicklung hervorgerufen, dass wir heute immer mehr solcher kostenloser Online-Inhalte konsumieren können, hinter denen stets Autoren, Journalisten, Blogger und Redakteure sitzen, die ihre Zeit opfern und diese ebenso wie ihr Wissen zur Verfügung stellen, um die Inhalte zu produzieren. Leser, die den Erstellern dieser Inhalte etwas zurückgeben möchten, weil sie sie für wertvoll erachten, bekommen mit flattr eine sehr einfache Möglichkeit, das mit nur einem Klick zu tun. Auf vielen Blogs, Online-Magazinen und anderen Plattformen ist bereits ein flattr-Button angebracht, über den angemeldete flattr-Mitglieder den Webseitenbetreibern schnell und einfach Geld in Form von freiwilligen Spenden zukommen lassen können.

So neuartig, wie diese Modelle wirken, sind sie eigentlich gar nicht. Neuartig sind dabei eigentlich nur die absolute Freiwilligkeit zur Zahlung und die Möglichkeit, auch den Zeitpunkt zu bestimmen, wann man etwas geben möchte. Denn viele dieser Modelle erinnern entfernt sogar an Vereinsstrukturen. Denn auch bei Vereinen geht es üblicherweise darum, dass sich mehrere Menschen zusammenschließen und ihre Mitgliedsbeiträge dazu verwenden, ein gemeinsam bestimmtes Ziel zu erreichen. Nur handelt es sich bei diesen neuen Modellen eben nicht um Vereine. Das bedeutet auch keine Vereinssitzungen, keine verpflichtenden Mitgliedsbeiträge und eigentlich überhaupt nichts von all dem, was Vereine so anstrengend und behäbig macht. Natürlich gibt es auch kein Mitspracherecht, aber jeder kann genau beobachten, wie sich die jeweilige Unternehmung entwickelt und wenn ihm nicht gefällt, wohin die Reise geht, lassen sich die Zahlungen sofort wieder einstellen.

Jemand, der dieses Modell auf medial sehr wirksame Art und Weise schon im Jahr 1981 zu nutzen wusste, war Karlheinz Böhm. Als der aus den Sissi-Filmen bekannte Schauspieler in der Sendung *Wetten dass..?* zu Gast war, wettete er mit dem Publikum, das nicht einmal jeder dritte Zuschauer eine Mark für notleidende Menschen in der Sahelzone spenden würde. In den folgenden Stunden kamen 1,2 Mio. DM zusammen.

Es war die Geburtsstunde der von ihm gegründeten Entwicklungsorganisation *Menschen für Menschen*.

Eine weitere Organisation, die mir besonders aufgefallen ist, die mit einem ähnlichen gemeinschaftlich und freiwillig finanzierten Modell arbeitet und die mich darin bestärkt hat, dass wir wirklich alles schaffen können, was wir auch erträumen können, ist MOAS.

MOAS steht für Migrant Offshore Aid Station. Die NGO mit Standort auf der Mittelmeerinsel Malta setzt dort an, wo unsere Regierungen und die Politik größtenteils versagen. Pro Jahr versuchen mehr als 150.000 Menschen, von Afrika aus auf lebensgefährlichen Irrfahrten über das Mittelmeer auf teils selbst gebauten Booten die europäische Küste zu erreichen. Es sind Frauen, Männer und Kinder, die verzweifelt sind und die keinen anderen Ausweg wissen; deren Heimat durch Krieg zerstört wurde, die in ihren Heimatländern verfolgt werden oder die dort keine wirtschaftliche Zukunft sehen. MOAS besteht aus einem Team engagierter Menschen, die ein kleines Schiff gechartert haben und sich damit auf die Suche nach diesen verzweifelten Menschen auf den Weiten des Mittelmeeres machen. Alleine in den zwei Sommermonaten des Jahres 2014, in denen MOAS erstmals aktiv war, konnten über 3.000 Menschenleben auf diese Art gerettet werden. Darunter viele Kinder. MOAS sorgt dafür, dass diese Menschen sicher an Land kommen und sie auch mit etwas Nahrung und Wasser versorgt werden.

Für den Betrieb benötigt die Organisation allerdings monatlich 400.000 Euro. Anstatt lange auf ein solides Finanzierungsmodell zu warten, hat MOAS erst einmal mit dem angefangen, was sie hatten. Das italienisch-amerikanische Paar Regina und Christopher Catrambone hat die erste Saison alleine finanziert. Nach dem Sommer 2014 startete MOAS einen Aufruf, um Geld für das nächste Jahr einzusammeln. Innerhalb der ersten 30 Tage kamen so bereits 35.000 Euro zusammen. Die Spenden stammten vor allem aus Deutschland, Spanien, den Niederlanden, Frankreich, Italien und sogar aus China.

Was ich so interessant an diesem Beispiel finde, ist vor allem, dass hier einfache Bürger die Sache selbst in die Hand genommen haben und damit im Vergleich zu einer staatlichen Maßnahme den europäischen Steuerzahlern wahrscheinlich sogar Geld gespart haben. Denn 400.000 Euro monatlich mögen als hohe Summe erscheinen. Ich möchte aber eigentlich nicht hochrechnen, welche Summe herauskommen würde, wenn man noch den ganzen bürokratischen Aufwand mit einrechnet, den eine staatliche oder von der EU initiierte Maßnahme wie diese mit sich bringen würde. Sie wäre wohl deutlich teurer. Dazu kommt, dass 400.000 Euro im Vergleich zur Größe Europas wiederum eine sehr kleine Summe ist. Würde beispielsweise jeder Einwohner Nürnbergs oder Duisburgs monatlich € 1,-- an MOAS überweisen, bräuchte sich das Team keine Sorgen mehr um sein Fortkommen machen.[xlvi]

Ein anderes Beispiel, das meiner Ansicht nach sehr deutlich veranschaulicht, was passieren kann, wenn wir auch nur sehr kleine Beträge und auch Energie in die Dinge fließen lassen, von denen wir uns mehr wünschen, ist *Amici delle SVA*. Diese Organisation wurde vor einigen Jahren von einer kleinen Gruppe Selbständiger aus Österreich gegründet. Amici delle SVA setzt sich für eine gerechtere Behandlung von Selbständigen hinsichtlich ihrer Sozialversicherungsbeiträge und –leistungen im Vergleich zu unselbständig Angestellten ein. Dieser Missstand macht nämlich vor allem kleinen und jungen Unternehmen zu schaffen und nicht selten werden Forderungen aus den Sozialversicherungsbeiträgen immer wieder als Ursache für Konkurse ansonsten eigentlich funktionierender Unternehmen angegeben. Dank Facebook konnte Amici delle SVA mittlerweile rund 10.000 Fans gewinnen, bei denen es sich, wie man vermuten darf, hauptsächlich um Selbständige handelt, die die Problematik nur allzu gut kennen.

Obwohl die Gruppe bisher nur einen Bruchteil der rund 476.900 Unternehmen in Österreich abbildet, hat sie es schon mehrmals in die Medien geschafft und Aufmerksamkeit rund um das Thema erzeugt. Vielfach wird sie schon als eine Art Sprachrohr der Selbständigen angesehen und bei Fragen zur Sicht der EPU- und KMU-Unternehmen zu Rate gezogen. Die aktiven Initiatorinnen und Initiatoren der Gruppe haben sich die erste Zeit ausschließlich selbst finanziert und auch selbst in eine gemeinsame Kasse zur Durchführung von Aktionen eingezahlt. Sie bieten mittlerweile aber auch eine Kontonummer auf ihrer Webseite an, auf die jeder völlig freiwillig Spenden überweisen kann, um die gemeinsame Sache zu unterstützen.

Um einen Eindruck davon zu bekommen, welche Dynamik diese Sache bekommen kann, genügt eine einfache Milchmädchenrechnung. Was würde passieren, wenn jeder der rund 10.000 Fans von Amici delle SVA monatlich nur € 1,– überweisen würde oder der Einfachheit halber € 12,– im Jahr? Ein Betrag, von dem ich behaupte, dass er niemand großartig weh tut. Schnell käme so ein Jahresbudget von € 120.000,– zusammen, mit dem man z.B. rasch einmal einige Vollzeitkräfte einstellen könnte, die sich den ganzen Tag lang nichts anderem widmen könnten, als für eine Verbesserung der Bedingungen von Selbständigen zu arbeiten. Man könnte Anzeigen schalten, die mehr Aufmerksamkeit für das Thema schaffen und so noch mehr Selbständige hinzu gewinnen, die die Sache ebenso unterstützen. Was würde geschehen, wenn dies nicht nur 10.000 Facebook-Fans von Amici delle SVA machen, sondern alle 476.900 Unternehmen in Österreich? Dabei muss nicht einmal jeder etwas überweisen – ich bin sicher, dass diejenigen, die nichts oder weniger bezahlen möchten, von anderen ausgeglichen werden, die bereit sind, deutlich mehr zu geben. Nur weil jeder eine kleine, verschmerzbare Summe gibt, würde die unglaubliche Summe von € 5,7 Millionen jährlich zusammenkommen. Eine finanzielle Basis, auf der man eine Struktur aufbauen könnte, die von Medien, Politik und Sozialversicherung keinesfalls mehr ignoriert werden könnte.

Was es bis dorthin bedarf, ist allerdings nicht nur das Wollen, sondern auch das Tun! Und eine Kultivierung der persönlichen Bottom-Up-Scheckbuchdiplomatie. Denn alles andere ist bereits vorhanden.

CROWDFUNDING

Im letzten Kapitel dürfte augenscheinlich geworden sein, dass wir unser Geld als wirksames Instrument einsetzen können, um Dinge zu bewegen. Ebenso wie wir damit auch Dinge fördern, die wir eigentlich nicht möchten (Verschwendung, unfaire Arbeitsbedingungen, soziale Ungleichheit, gesellschaftsdestruktive Werbung,

servicearme oder wenig kundenorientierte Anbieter) Genauso können wir es auch verwenden, um jene Dinge und Bewegungen zu fördern, von denen wir uns mehr wünschen. Ich praktiziere das seit Jahren so und unterstütze damit Personen, Organisationen und Unternehmen, die sich aus solchen Zuwendungen finanzieren, teils auch mit Kleinstsummen, wenn ich der Meinung bin, dass sie einen guten Job machen. Auch wenn ich nicht direkt eine Gegenleistung dafür erfahre. Warum eigentlich nicht Geld als Energieform denken und nutzen und zu den Dingen lenken, von denen wir in der Welt noch mehr sehen wollen?
Es ist wie mit einer Gießkanne voll mit Wasser. Wir können uns aussuchen, welche Pflanzen wir damit gießen, die dann gedeihen und uns erfreuen.

Noch reizvoller finde ich allerdings die Möglichkeit, dass wir nicht nur Dinge unterstützen können, die es schon gibt, sondern auch solche, die es noch nicht gibt und die wir uns wünschen. Damit sind wir in der Welt des eigentlichen Crowdfunding angelangt.

Ich bin überzeugt, dass es Crowdfunding schon immer gegeben hat, natürlich ist dieses Phänomen allerdings in einer neuen Dimension angekommen, seit es auf das Internet getroffen ist. Auf Plattformen wie Kickstarter. com, Indiegogo.com, Respekt.net oder Startnext.de hat jeder die Möglichkeit, Projekte zu unterstützen, die wir in der Welt sehen wollen. Teilweise handelt es sich dabei auch um Produkte, von denen wir schon immer geträumt haben. Alleine schon durch die angebotenen Projekte zu stöbern macht richtig Spaß. Oft haben die Projekte das Ziel, einem guten Zweck zu dienen oder einfach nur das Leben ein bisschen einfacher zu gestalten. In vielen Fällen soll Transparenz in gewisse Bereiche gebracht werden und manchmal nimmt der Crowdfunding-Wahnsinn auch sehr skurrile Züge an. So wurde bei Kickstarter etwa eine Kampagne zum Bau des Todessterns aus Star Wars gestartet.[xlvii] Die anvisierten 850 Trillionen Dollar, die zum Bau gebraucht werden, wurden mit den gesammelten 515.000 Dollar zwar nur *knapp* unterschritten, doch dieses Beispiel zeigt, dass es nichts gibt, was es nicht gibt und nur unsere unendliche Fantasie uns zu begrenzen scheint.

Crowdfunding ist eine wunderbare Methode, um die Zukunft direkt mitzugestalten. Vielleicht hatten wir schon immer die eine oder andere Idee für ein Produkt oder es gab da diese eine Sache, die wir in der Welt verbessern wollten. Doch es fehlten uns die Zeit, das Know-how, das technische Verständnis oder schlichtweg die Motivation, um die Sache durchzuziehen. Doch plötzlich entdecken wir eine Crowdfunding-Kampagne engagierter Leute, die genau das umsetzen möchten. Wir können all unsere Ideen vielleicht nicht selbst verwirklichen, aber dank Crowdfunding haben wir die Möglichkeit, dazu beizutragen, dass sie dennoch in die Welt gelangen und real werden können. Durch Menschen, die dafür brennen.

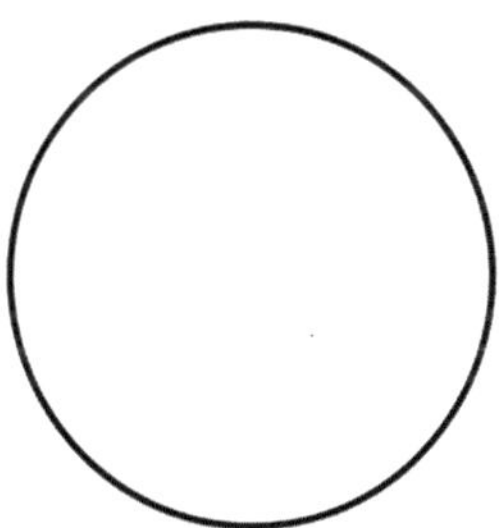

Skizze des geplanten Todes-Sterns aus der Kampagne

Crowdfunding ist nicht nur auf große unternehmerische Projekte beschränkt und natürlich auch nicht nur auf das Internet. Das folgende Beispiel zeigt die Erprobung von Crowdfunding im privaten Bereich in der realen Welt.

In der Salzburger Straßenzeitung *Apropos* wurde im Herbst 2014 in einem kleinen Artikel die Geschichte eines Straßenverkäufers abgedruckt, der sich nach dem Meer sehnt, aber sich eine solche Reise selbst nicht leisten kann. Die Redaktion der Zeitung hatte ein Konto eingerichtet und in einer Ausgabe um Spenden für ihn gebeten, weil sie ihm einen Ausflug nach Italien ermöglichen wollte. Bis zur Veröffentlichung des Artikels kamen auf anderen Wegen insgesamt bereits

€ 300,-- zusammen. Ich bin sicher, nach dem Aufruf haben sich noch weitere Wohltäterinnen und Wohltäter gefunden, die sich ebenso wie ich von Bernds (so der Name des Verkäufers) Traum faszinieren ließen und ihn unterstützen wollten. Es braucht also nicht immer eine große Crowdfunding-Kampagne und nicht einmal eine Online-Plattform – dennoch bin ich überzeugt, dass es großartige Folgen haben wird, wenn Bernd die Reise antreten darf... nicht nur für Bernd.

Ein, wie ich finde, sehr deutliches Beispiel für Crowdfunding und noch viel mehr für die Auswirkungen gezielter Scheckbuchdiplomatie ist das von Straßenmusikern. In vielen Städten der Welt bieten diese mal mäßige, mal auch außergewöhnliche Shows dar und viele Passanten sind bereit, dafür ein paar Münzen in den dafür vor den Musikern geöffneten Gitarrenkoffer zu werfen. Würde keiner der Passanten die musikalische Umrahmung der urbanen Atmosphäre so sehr schätzen, um dafür auch freiwillig Trinkgeld zu geben, würden die Straßenmusiker wohl sehr schnell aus unserem Straßenbild verschwinden. Auch das wäre dann eine Folge davon, in welche Richtung wir unsere Geldbörsen öffnen bzw. geschlossen halten. Würde sich herumsprechen, dass die Passanten in einer Stadt besonders spendabel sind, und ich bin überzeugt, dass sich dies herumsprechen würde; und sofern keine rechtlichen Rahmenbedingungen eine maximale Anzahl an Straßenmusikern vorsehen, würde sich eine lebendige Musikerszene im öffentlichen Raum dieser Stadt etablieren und man könnte wahrscheinlich an jeder Straßenecke einem anderen Musiker lauschen. Und das nicht etwa, weil die Musiker dies forciert hätten oder es von der Politik verordnet und organisiert wurde, sondern weil die Nachfrage danach so groß war. Es ist ein simples Beispiel, das aber anschaulich zeigt, wie Bottom-Up-Scheckbuchdiplomatie auch abseits klassischer Käufer-Verkäufer-Systeme unsere Welt verändern und Neues schaffen kann.

DER PRIVATE BOYKOTT

Der Boykott ist ein probates Mittel der Massen, um sich eine starke Stimme gegen vermeintlich mächtige Gegner zu verleihen. Leider benötigt es in den meisten Fällen erst Extremsituationen und entsprechendes mediales Aufsehen, um dieses Potenzial zu aktivieren. Zur Kultivierung der eigenen Scheckbuchdiplomatie gehört es aber natürlich auch, Produkte, Unternehmen und Dienstleistungen, mit denen man nicht einverstanden ist bzw. mit den Auswirkungen, die sie oder ihre Herstellung in die Welt bringen, zu boykottieren. Es gibt eine Reihe interessanter Fälle von Konsum-Boykotten der letzten Jahre. Insbesondere aber der Ursprung des

Wortes Boykott zeigt sehr anschaulich, welche Kraft dahinter steckt und wie weit Boykotte gehen können. Charles Cunningham Boycott war im 19. Jahrhundert britischer Gutsverwalter sowie Captain der britischen Armee. Unter dem Eindruck des Land Wars in Irland sowie der Tatsache, dass Boycott als Menschenschinder bekannt war, weigerten sich die Bauern der von ihm verwalteten Region Mayo, ihm den Pachtzins zu entrichten. Seine Reaktionen darauf gegen die Bauern lösten bei der Bevölkerung Argwohn aus, sodass schon bald niemand mehr von ihm kaufen oder für ihn arbeiten wollte und sogar kaum mehr jemand etwas an ihn verkaufte. Als Notlösung ließ er die Ernte mit Hilfe des Militärs einbringen. Daraufhin kündigten die Pächter ihre Verträge bei ihm und selbst bei der Eisenbahn konnte er seine Waren nicht mehr transportieren, da diese sich weigerte, seine Waren anzunehmen.[xlviii]

Ein aktuelleres Beispiel führt uns zurück ins Jahr 1995. Damals erfuhr die Welt-Öffentlichkeit durch die Mitwirkung von Greenpeace, dass der Erdölkonzern Shell im Begriff war, eine Öltankplattform zur Zwischenlagerung von Erdöl im nördlichen Atlantik zwischen Großbritannien und Norwegen im Meer zu versenken. Greenpeace schätzte zu diesem Zeitpunkt, dass dabei auch rund 100 Tonnen Ölrückstände ins Meer gelangen würden und die Auswirkungen für die Umwelt nicht akzeptabel waren. Als die Medien die Meldung aufnahmen und die Öffentlichkeit davon Wind bekam, setzte eine Boykott-Bewegung ein. Viele Autofahrer weigerten sich, weiterhin bei Shell zu tanken. Selbst einige Behörden betankten ihre Fahrzeuge fortan bei anderen Anbietern. Alleine in Deutschland verzeichneten die Shell-Tankstellen in der Folge einen Rückgang von rund 50%. Schon nach relativ kurzer Zeit erkannte der Erdölkonzern, dass er seine Strategie ändern musste und beschloss, begleitet von einer Imagekampagne, die Plattform an Land zu entsorgen.[xlix]

SAGT, WAS EUCH NICHT PASST!

Nie war es einfacher als heute, mit Unternehmen in Kontakt zu treten, Fragen zu stellen, auf Missstände aufmerksam zu machen, seine Verärgerung kundzutun oder auch Anregungen zu geben. Kaum ein Unternehmen und sei es noch so ein kleiner Hersteller, verzichtet heute auf eine E-Mail-Adresse oder Social-Media-Kanäle. Leider (noch) nicht alle, aber viele Unternehmen wissen auch, wie wertvoll die Nachrichten sind, die sie über diese Kommunikationskanäle bekommen. Denn während für Marktforschungsinterviews, Panelerhebungen und Produkttests teils hohe Summen ausgegeben werden müssen, bekommen Unternehmen über ihre Callcenter, per E-Mail oder über Social-Media-Auftritte kostenloses, authentisches und ungefiltertes Feedback von echten Kunden oder zumindest solchen, die es gerne werden wollen.

Wenn wir als Kunden mit Unternehmen in Kontakt treten, um konstruktive Kritik oder auch Lob mitzuteilen, tun wir den Unternehmen also sogar einen Gefallen und sparen ihnen viel Geld. Wenn Unternehmen und andere Institutionen solche Rückmeldungen erhalten, ist dies ein Zeichen dafür, dass sich da draußen tatsächlich jemand ernsthaft mit ihren Produkten beschäftigt, aber auch, dass jede ihrer Aktivitäten streng beäugt und wahrgenommen wird. Wenn mich bei einem Einkauf etwas ärgert, ich einen Verbesserungsvorschlag habe oder mir etwas nicht klar ist, zögere ich heute nicht mehr, sondern sende dem betreffenden Hersteller oder Händler einfach eine E-Mail. In der Vergangenheit habe ich beispielsweise bereits Unternehmen kontaktiert, um mich über deren Werbekampagnen und Produkte zu erkundigen oder Ideen zur Produktverbesserung beizutragen und mich in einigen Fällen auch direkt an den Werberat gewandt. Ich habe aber auch schon Straßenverwaltungen kontaktiert, um auf irreführende oder fehlerhafte Verkehrsschilder hinzuweisen oder auch schon dem Militär, um mich zu Truppenübungen mit Düsenjägern in meiner Region zu erkundigen. In der Regel erhält man eine sehr nette und freundliche Antwort mit einem Ausdruck des Bemühens, dass das Anliegen ernst genommen wird und man der Sache nachgehen wird oder die gewünschten Informationen in Erfahrung gebracht werden. Vielfach natürlich auch standardisierte Sätze etwa zu Nachhaltigkeit oder Serviceorientierung im Unternehmen. Wer hier hartnäckig bleibt, kann natürlich nachfassen und überprüfen, ob dies auch tatsächlich der Fall ist. Im ersten Schritt allerdings, denke ich, ist es wesentlich, dass das Unternehmen bzw. die Institution, mit der man Kontakt aufnimmt, merkt, dass seine Aktivitäten nicht unbeobachtet bleiben und diese Auswirkungen haben. Wenn sich eine größere Anzahl an Menschen zum selben Thema meldet, kann nahezu ausgeschlossen werden, dass sich nicht in der Unternehmenszentrale eher früher als spät ein Besprechungsraum mit den zuständigen Bereichsverantwortlichen füllen wird, um den Fall und das weitere Vorgehen zu besprechen.

Bei jeglicher Kontaktaufnahme mit Unternehmen, Organisationen und anderen Institutionen habe ich die besten Erfahrungen mit einer Art der Kommunikation gemacht, bei der konstruktiv Kritik geübt wird. Direktes Kritisieren und Drauflosschlagen löst hingegen schnell eine Abwehrhaltung aus und gibt demjenigen, der mit der Nachricht konfrontiert wird, nur schwerlich die Möglichkeit, die Situation von einem anderen Standpunkt aus zu betrachten, so sehr er sich auch bemüht. Schließlich sind es immer Menschen, mit denen wir dabei zu tun haben. Darüber hinaus erreicht man in der Regel im Erstkontakt keine für den jeweiligen Bereich entscheidenden Personen, sondern landet zunächst im Info- bzw. Callcenter. Den dort arbeitenden Personen fällt es aber sicherlich leichter, die Beschwerde oder Anregung weiter zu reichen, wenn sie sachlich gehalten ist.

Wer sich dieser Thematik näher widmen möchte, dem kann ich den Bestseller *Wie man Freunde gewinnt: Die Kunst, beliebt und einflussreich zu werden* des genialen Dale Carnegie wärmstens ans Herz legen.

WERTE KAUFEN STATT PRODUKTE

Wer ein Produkt kauft, der unterstützt damit das Unternehmen, das hinter diesen Produkten steht bzw. vielmehr eine ganze Reihe von Unternehmen, die mit der Produktionskette in Verbindung stehen. Wir unterstützen mit unseren Käufen allerdings auch Werte, die von diesen Unternehmen vertreten werden. Ganz egal, ob diese Werte zu unseren eigenen Werten passen oder nicht. Kaufen wir also vermehrt Produkte eines Unternehmens, sorgen wir automatisch dafür, dass die Werte des dahinter stehenden Unternehmens die Welt, in der wir leben, stärker prägen. Sei es nun in Bezug auf bestimmte Abbau- oder Anbaumethoden, den Umgang mit Mitarbeitern, die Art der Werbekommunikation des

Unternehmens oder andere Formen, wie das jeweilige Unternehmen agiert. Jedes Mal kaufen wir also nicht nur Produkte, sondern auch Werte. Und das ist großartig! Denn wünschen wir uns eine bestimmte Wertekultur, die von einem Unternehmen vorangetrieben wird, stärker in unserem Umfeld, ist schon viel damit getan, die Produkte dieses Unternehmens bevorzugt zu kaufen. Gefällt uns beispielsweise, welche Arbeit ein Unternehmen macht und wie es arbeitet, können wir noch mehr davon in unser Umfeld bringen, wenn wir den Betrieb auch finanziell durch Käufe unterstützen. Das ist eigentlich eine einfache Sache, aber wir rücken es uns viel zu selten ins Gedächtnis, weil wir häufig darauf konditioniert sind, bestimmte Marken zu kaufen, weil der Weg zum anderen Händler kürzer ist oder der Preis woanders ein paar Cent niedriger liegt und dann doch wieder unser wirtschaftliches Denken die Entscheidung für uns übernimmt.

Oft vergessen wir auch, dass wir Alternativen haben. Mir selbst fällt dies recht oft im Bereich der Musik auf. Es gibt Phasen, da achte ich nicht gezielt darauf, wovon ich mich gerade beschallen lasse, wenn ich etwa auf dem Weg zur Arbeit bin und nicht gezielt auswähle, welche Musik ich meine Stimmung beeinflussen lasse. Dann gewinne ich manchmal den Eindruck, dass die wahren Großen der Musikwelt nicht mehr da sind und sich auch keine würdigen Nachfolger gefunden hätten.

Irgendwann dringt dann jedoch wieder ein neuer Song eines Künstlers oder einer Künstlerin zu mir durch, der mir wieder in Erinnerung ruft, dass dies sehr wohl noch der Fall ist und es immer war. Es spielte sich nur unter meiner vorübergehenden Wahrnehmungsschwelle ab.

Die Alternativen sind immer da! Wir denken nur nicht immer daran. Weil wir aus Gewohnheit oder aus zufälligen Situationen heraus dann doch wieder zu anderen Produkten oder Dienstleistungen greifen. Daher ist es wahrscheinlich wichtig, neue Gewohnheiten zu entwickeln und diese konsequent zu pflegen.

CHECK DEIN PRODUKT: DER WERTEABGLEICH

Was für Musik gilt, gilt auch für den alltäglichen Einkauf. Wir sind Gewohnheitstiere. Das heißt allerdings nicht, dass unsere Gewohnheiten immer dieselben bleiben müssen. Ich versuche immer wieder, mich selbst mehr zu sensibilisieren. Aber eben Stück für Stück. Es ist kaum möglich, bei jedem Einkauf jedes einzelne Produkt, das in unserem Einkaufswagen landet, immer wieder genau zu überprüfen.

Könnte es vielleicht hilfreicher sein, sich z.B. für jeden Einkauf vorzunehmen, nur ein einziges Produkt genau zu überprüfen und wenn sich herausstellen sollte, dass dieses mit unseren Werten übereinstimmt, wir es auch bei den nächsten Einkäufen immer wieder in den Einkaufskorb legen können? Das würde den *wertvollen* Einkauf deutlich vereinfachen.

Manchmal notiere ich mir Informationen von Produkten, die ich noch nicht kannte oder die bisher unter meiner Wahrnehmungsschwelle lagen, auch noch im Supermarkt auf meinem Smartphone. Dann kann ich mich später dazu im Internet näher über das Unternehmen, das Produkt und die Herstellungsweise erkundigen und dem Hersteller vielleicht sogar eine E-Mail mit einer Frage schreiben. Das dauert keine Ewigkeit. Wenn ich davon überzeugt bin und es mich noch immer interessiert, kann ich es in Zukunft öfters kaufen.

Einige Male habe ich mich selbst sogar schon dabei erwischt, wie ich ein Produkt vorwiegend deshalb gekauft habe, weil mir die Verpackung aufgefallen war und ich wissen wollte, ob es sich dabei z.B. um einen brauchbaren Ersatz für Plastikverpackungen handelte, wobei es sich bisher leider zumeist herausstellte, dass es sich lediglich um umweltfreundlichere Verpackungen handelte, jedoch nicht um tatsächlichen Ersatz.

Es genügt also vielleicht, die Produkte, Marken und Produktgruppen, die wir gerne kaufen möchten, einmal oder nur ab und zu zu überprüfen und einem Werteabgleich zu unterziehen. Das macht die Sache deutlich einfacher und den Einkauf wieder so entspannt, wie er sein sollte. Wesentlich ist es für jeden Einzelnen, sich selbst zu fragen, welche Werte ihm oder ihr wichtig sind. Es bringt nicht viel, sich von den Werten anderer oder von in den Medien propagierten Werten beeinflussen zu lassen, wenn diese mit dem eigenen Werteempfinden eigentlich nicht viel zu tun haben. Darum gibt es auch keine To-Do-Liste und keine 1-für-Alle-Anleitung beim Einkaufen. Denn unsere Interessen und Anschauungen vom Leben sind ebenso individuell wie unsere Bedürfnisse und Gewohnheiten.

Ein Beispiel. Beim Frisörbesuch ist es mir wichtig, dass ich schnell rein und schnell wieder raus bin — möglichst mit adäquatem Haarschnitt. Und auch der Preis soll okay sein. Ich führe zwar auch gerne mal mit den Angestellten Gespräche übers Wetter, aber habe kaum Zeit und Lust, eine Stunde oder länger im Salon zu verbringen, bevor ich mich wieder anderen Dingen zuwenden kann. Aber das ist nur meine persönliche Ansicht. Viele andere Menschen genießen ihren Frisörbesuch als Erlebnis. Sie planen die ganze Woche darauf hin, lieben es, einen Kaffee nach dem anderen im Salon zu trinken, in Zeitungen zu blättern und auch den neuesten Tratsch auszutauschen – dafür ist der Frisörsalon bekanntermaßen die zentrale Drehscheibe. Ihnen macht es nichts aus, mehrere Stunden im Sitzen zu verbringen und sie sind auch gerne bereit, weitaus mehr Geld als ich für einen Haarschnitt auszugeben, sofern das Ergebnis passt. Sie haben eben andere Werte als ich und suchen deshalb auch andere Salons auf als ich. Glücklicherweise bietet das Angebot an Frisörsalons am Markt Möglichkeiten für jede Käuferschicht. Mit jedem Frisörbesuch entscheiden sie darüber, ob es ihr Angebot auch morgen noch geben soll oder nicht.

Noch einfacher wird es natürlich beim Online-Einkauf mit bevorzugten Shops, die bequem von zu Hause aus „besucht" werden können. Denn hier lassen sich persönliche Einkaufslisten abspeichern, auf die wir immer wieder zurückgreifen können.

Dass überall auf der Welt immer mehr Menschen bereit sind, Werte anstatt von Produkten zu kaufen, beweist die App *Glia*. Wer diese App für seine Einkäufe nutzen möchte, legt dazu zunächst ein Profil an und gibt seine sozialen, politischen und ethischen Überzeugungen an. Glia hilft anschließend dabei, Produkte von solchen Unternehmen zu finden, die genau diese Werte leben und unterstützen.

SELEKTIVER SELBSTSCHUTZ

Vor einiger Zeit erzählte mir eine werdende Großmutter von ihrem veränderten Blick für Kindermode, seitdem sie erfahren hat, dass ihre Tochter schwanger war. Überall sehe sie nur mehr süße Kindermode und andere Angebote für Baby-Accessoires, die nur zu verlockend erscheinen. Als sie letztens in der Stadt unterwegs war, erblickte sie vor sich ein Schild für ein weiteres Kindermodengeschäft. Doch innerlich wusste sie, dass die Schränke ihrer Tochter daheim schon ausreichend mit Kinderkleidung gefüllt waren. Als Konsequenz wechselte sie sofort zur anderen Straßenseite, noch bevor sie an der Auslage des Kindermodengeschäfts vorbeikam. So schützte sie sich vor sich selbst, um nicht wieder den tollen Angeboten zu verfallen und wieder etwas mitzunehmen, das eigentlich nicht wirklich notwendig war.

Wenn wir ein wenig darüber nachdenken, wissen wir sehr genau, wo unsere Schwächen liegen und in welchen Bereichen wir immer wieder Käufe tätigen, die wir später vielleicht in der einen oder anderen Weise bereuen oder bei denen wir uns immer wieder eingestehen, dass das Glück über den Kauf nur kurz währte und es eigentlich keine Notwendigkeit dazu gegeben hatte, das Produkt zu erstehen.

Jeder kann hier selbst seine eigenen Strategien entwickeln, um sich „vor sich selbst zu schützen". Für den einen ist es vielleicht eine Notiz am Einkaufszettel, für den anderen die Fokussierung auf bestimmte Produkte im Laden oder eben von vorneherein die Straßenseite zu wechseln.

Wenn es da diesen toll aussehenden Kaffeekapselautomaten in unserer Küche gibt, bei dem wir uns eigentlich aber immer wieder darüber ärgern, dass er so viel Müll produziert, warum ersetzen wir ihn dann nicht einfach gegen eine andere Art der Kaffeezubereitung? Wenn wir eine bestimmte Modekette aufgrund des wenig kundenorientierten Personals nicht unterstützen wollen, warum tragen wir dann noch deren Kundenrabattkarte in unserer Geldbörse mit uns herum? Wenn wir doch eigentlich so gerne diesen schmucken gemütlichen Buchladen unten an der Ecke unterstützen wollen und sowieso lieber „altmodische" Bücher lesen, warum haben wir uns dann gerade einen brandneuen E-Book-Reader bestellt?

Wird klar, worauf ich hinaus möchte? Es liegt an uns! Wir müssen uns nur klarmachen, was wir eigentlich wollen und für die Dinge, an die wir nicht immer selbst konsequent genug denken, entsprechende Selbstschutzmaßnahmen ergreifen. Keine Angst, ihr verpasst nichts.[1]

Ein unwiderstehliches Angebot

Was es für einen Wandel unseres Wirtschaftssystems benötigt, ist, dass wir mehr von dem Richtigen tun und weniger von dem Falschen. Neben uns mächtigen Konsumentinnen und Konsumenten, die mit ihren Ausgaben vieles ermöglichen oder auch verhindern können, spielen vor allem Unternehmen, die bereits (oder noch immer) das Richtige tun, eine sehr wichtige Rolle. Ich denke nicht, dass schnelle Veränderungen nur durch die Konsumentenseite allein herbeigeführt werden können, solange nicht alle oder ein Großteil ernsthaft und bewusst über die eigenen Ausgaben und Handlungen nachdenkt. Somit ist es auch wichtig, dass Unternehmen attraktive Alternativen bieten, die sowohl positiv für die Gesamtgesellschaft sind, als auch vorteilhaft und positiv für den jeweiligen Nutzer des Produktes hinsichtlich Qualität, Preis-Leistungsverhältnis, Prestige und anderen Produkteigenschaften. Kurzum – ein *unwiderstehliches Angebot!*

Denn, wenn die Produkte eines Unternehmens, das z.B. nachhaltig, fair, umweltfreundlich, kundenorientiert oder auch mit ganzheitlichem Weitblick agiert, auch noch hinsichtlich der klassischen Kaufargumente (z.B. Preis) deutlich attraktiver erscheinen als die Konkurrenzangebote von Unternehmen, die das nicht tun, dann werden selbst solche Kunden, denen Nachhaltigkeit, Fairness, Umweltfreundlichkeit oder etwa Kundenorientierung eigentlich nicht wichtig sind, wohl eher geneigt sein, zu diesem Angebot zu greifen und damit dieses Unternehmen automatisch weiter fördern.

Ein Beispiel dafür, das nicht direkt aus der Welt des Konsums stammt, allerdings sehr anschaulich zeigt, welche Folgen ein solch *unwiderstehliches Angebot* haben kann, ist das der Stadt Kopenhagen und seiner Bewohner. Die dänische Hauptstadt hat sich in wenigen Jahren zu einer wahren Fahrrad-Metropole entwickelt. Es wurden regelrechte Fahrrad-Autobahnen gebaut und im Winter werden die Radwege sogar vorrangig von Schnee geräumt. Es wird sogar überlegt, einige Strecken während der kalten Jahreszeit zu beheizen. Rund 50% der Kopenhagener nutzen in der Folge bereits die über 400 km langen Radwege der Stadt für die tägliche Fahrt zur Arbeit.[li] Der Grund für die hohe Akzeptanz und die damit einhergehende Reduktion von Treibhausgasen bei gleichzeitiger Zunahme an Lebensqualität liegt allerdings nicht darin, dass die Kopenhagener überdurchschnittlich für die Umwelt sensibilisiert wären und sich daher für das Rad entscheiden. Sie entscheiden sich deshalb für das Rad, weil es für sie einfach die logischste Entscheidung ist.

Denn dank der gut ausgebauten Radwege stellt das Fahrrad heute einfach die bequemste, schnellste und günstigste Methode in Kopenhagen dar, um von A nach B zu kommen. Ganz nebenbei ist es natürlich auch noch eine besonders umweltfreundliche Methode. Doch das ist nicht der entscheidende Faktor. Entscheidend sind wie so oft das Preis-Leistungsverhältnis und auch die hohe Bequemlichkeit dieses Individualverkehrssystems, das erst durch ein Radwegenetz möglich wurde, das seinesgleichen in der Welt sucht. Die Kopenhagener steigen also nicht unbedingt deswegen so gern aufs Rad, weil sie gerne die Umwelt schonen möchten, sondern weil es einfach die beste Methode ist, um ihren Mobilitätsbedarf rasch zu decken. Es ist einfach ein unwiderstehliches Angebot![lii]

Wenn ein Angebot deutlich günstiger, schneller, bequemer oder einfach besser erscheint als alle Konkurrenzangebote, ist die Wahrscheinlichkeit hoch, dass dieses Angebot auch angenommen wird. Wenn es dazu auch noch umweltfreundlicher ist oder positive Auswirkungen auf die Gesellschaft hat, umso besser; für sich alleine wären diese beiden Argumente wohl nur für wenige Kunden ausschlaggebend.

Es gibt viele Unternehmen, die bereits solche Angebote bieten oder hart daran arbeiten, dies zu tun. Als Vorreiter ist dabei etwa der US-Autohersteller Tesla zu nennen, der nicht nur leistungsfähige und verlässliche Elektroautos herstellt, sondern es im Gegensatz zu vielen anderen E-Auto-Herstellern auch nicht verabsäumt hat, sich um attraktives Design, Komfort und Ausstattung seiner Modelle zu kümmern, damit die E-Autos den herkömmlichen Fahrzeugen in nichts nachstehen bzw. sie sogar noch übertreffen. Zugegeben, der erste Tesla war mit rund 100.000 Euro Kaufpreis noch nicht wirklich für jeden erschwinglich, doch das Modell S fand sich preislich bereits etwa auf halbem Niveau ein und der Hersteller hat angekündigt, mit steigender Stückzahl weitere Modelle entwickeln zu wollen, die auch für den Durchschnittskäufer leistbar sein sollen. Das kommt einem unwiderstehlichen Angebot doch schon sehr nahe oder?

Auch aus der Luftfahrt gibt es Beispiele. Die britische Airline Virgin Atlantic des Selfmade-Milliardärs Richard Branson beispielsweise experimentiert bereits seit langem mit alternativen Treibstoffen, die den CO2-Ausstoß der Flugzeugflotte verringern sollen. Zuletzt kündigte das Unternehmen an, mit LanzaTech zusammenarbeiten zu wollen.[liii] Dieses Unternehmen wandelt Abgase aus Stahlwerken, die ansonsten einfach nur verbrannt würden, in Flugzeugtreibstoff für Virgin Atlantic um, der den CO2-Ausstoß um gut die Hälfte verringern soll. Wesentlich für die Akzeptanz des Angebotes ist allerdings, dass Passagiere bei Virgin Atlantic in Zukunft nicht nur umweltfreundlich reisen können, sondern ebenso auch weiterhin Komfort und Leistung wie bei anderen Fluglinien erwarten dürfen.[liv] Es ist eben ein unwiderstehliches Angebot.

Vorreiter finden sich allerdings nicht nur in technologielastigen Branchen, sondern auch in sehr traditionsreichen Gewerben. Ein Beispiel dafür liefert beispielsweise der deutsche Textilhersteller Trigema, der gleich in mehrfacher Hinsicht zeigt, was möglich ist, wenn sich ein Unternehmen einmal dazu entschieden hat, konsequent seinen Weg zu gehen. Als eines der letzten Textilunternehmen in Deutschland hat Trigema bewiesen, dass die Herstellung von Kleidung auch heute noch in Deutschland mit Gewinn möglich ist. Das Unternehmen produziert komplett in Deutschland, zahlt gerechte Löhne und ist für den verantwortungsvollen Umgang mit seinen Mitarbeitern auf Augenhöhe bekannt. So wird den Kindern von Mitarbeitern etwa ein Arbeits- oder Ausbildungsplatz garantiert. Der Textilhersteller gibt an, alle Rohstoffe aus EU-Ländern zu beziehen, sodass die Transportwege kurz bleiben und hat mit seinem Cradle-to-Cradle-Konzept sogar einen Weg gefunden, um Textilien völlig biologisch abbaubar zu machen. Global gesehen mag Trigema zu den kleineren Herstellern zählen, doch die Geschäftsleitung unter Wolfgang Grupp scheint hier auch kein Konzept des unendlichen Wachstums zu forcieren. Dass das

Unternehmen finanziell gut dasteht und es in den großen Wirtschaftskrisen der letzten Jahrzehnte weder Kurzarbeit noch betriebsbedinge Entlassungen gegeben hat, zeigt, dass dieser Weg nicht so verkehrt sein dürfte.[lv]

Der österreichische Anbieter GOFAIR bietet Unternehmen und ihren Mitarbeitern die Möglichkeit, in der Pause oder beim Kundengespräch Kaffee höchster Qualität mit gutem Gewissen zu konsumieren. Auch hier wird den Konsumenten ein unwiderstehliches Angebot gemacht. Denn der Kaffee, der in den von GOFAIR aufgestellten Automaten zubereitet wird, trägt das Fairtrade-Gütesiegel und wurde nachhaltig hergestellt. Doch damit nicht genug. Nicht nur der Automat selbst funktioniert, rein rechnerisch natürlich, 100% klimaneutral, sondern dies gilt für die komplette Produktionskette von der rohen Kaffeebohne bis zur heißen Tasse in der Hand des Konsumenten. Denn für jeden zubereiteten Kaffee kauft das Unternehmen Humus-Zertifikate aus der Ökoregion Kaindorf zu und macht die Automaten damit CO_2-neutral. Der CO_2-Ausstoss für eine Tasse Kaffee inklusive Transport aller Komponenten (Kaffee, Becher, Milch, Tee, Zucker, Automaten usw.) wurde dafür vom Joanneum Research Graz durchgerechnet. Die verwendeten Becher werden aus FSC-zertifizierten Rohstoffen hergestellt und sind zu 100% kompostierbar.

Die neuen Helden

Unsere Welt hält unzählige Überraschungen für uns bereit. Es ist spannend, zu sehen, wie überall Unternehmerinnen und Unternehmer ihre Betriebe ein klein wenig verändern oder sich auch trauen, Wege völlig neu zu definieren und damit einer Sache eine ganz neue Wendung geben. Sie sind für mich die neuen Helden des Unternehmertums!

Einen Kaffee aufgeschoben bitte...

Von der Idee des aufgeschobenen Kaffees habe ich zum ersten Mal in Verbindung mit einem Berliner Café gehört. Andere Quellen hingegen deuten wieder daraufhin, dass die Idee in Neapel entstand.
Wo auch immer der erste aufgeschobene Kaffee getrunken wurde - es handelt sich in jedem Fall um eine interessante Methode, die auf die Folgen unseres Wirtschafts- und Sozialsystems, das offensichtlich nicht

alle gleich bedienen kann, reagiert und die in immer mehr Kaffeehäusern Anwendung findet. Gäste können hier eine Tasse Kaffee und dazu noch einen, manchmal auch zwei oder mehr *Kaffee aufgeschoben* bestellen. Doch was hat es damit auf sich?

Wer einen Kaffee und dazu einen Kaffee aufgeschoben bestellt, bezahlt zwei Tassen, bekommt aber nur eine. Die zweite Tasse wird vom Kellner notiert. Kommt anschließend oder auch Tage später ein Gast, der sich den Kaffee nicht leisten kann, so wird ihm dieser spendiert und der aufgeschobene Kaffee wieder von der Liste gestrichen. So haben auch Menschen, die beispielsweise durch verschiedene Umstände ihres Lebens auf der Straße leben müssen, die Möglichkeit, sich im Winter aufzuwärmen, eine heiße Tasse Kaffee zu trinken, aber vor allem unter Menschen zu kommen, womöglich Kontakte zu knüpfen und sich als gleichwertiger Teil der Gesellschaft zu fühlen.

Viu

Wer in der Schweiz eine korrigierte Brille kaufen will, weiß in der Regel kaum, wie diese hergestellt wurde und gibt dafür im Schnitt rund 600 Franken aus. Zu viel, wenn es nach den Gründern von Viu[lvi] geht. Das Unternehmen bietet Brillen in klarer Form und

Naturtönen und garantiert gute Qualität sowie faire Arbeitsbedingungen. Und das alles zu einem Drittel des üblichen Preises. 195 Franken kostet eine Brille von Viu lediglich. Dafür haben die Gründer von Viu nicht die Welt verändert, sondern lediglich die Regeln neu definiert. Die Brillen werden in einem kleinen norditalienischen Familienbetrieb gefertigt und direkt von Viu über einen Online-Shop sowie Läden in Basel und Zürich an die Endkunden verkauft. Somit wird der Zwischenhandel komplett ausgelassen. Damit verschafft sich Viu gleich zwei Vorteile: Interne Transparenz durch direkten Kontakt zum Hersteller sowie Wettbewerbsvorteile dank größerem Spielraum in der Preisgestaltung.

Teures Fast Food: Warum nicht?

Landläufig herrscht die Meinung vor, dass Fast Food immer auch billig sein muss. In der Regel ist das tatsächlich auch der Fall, doch sollte man dann auch nicht unbedingt hochwertige Zutaten in Burger & Co erwarten. Die New Yorker Fast-Food-Kette Shake Shack hat Fast Food neu erfunden und dabei eigentlich nur wenig anders gemacht. Wie auch etablierte Ketten bietet Shake Shack Burger und Pommes Frittes zum Mitnehmen. Allerdings verspricht das Unternehmen, nur Fleisch aus kontrollierter Aufzucht zu verwenden.

Dafür sind die Produkte hier auch deutlich teurer als bei der Konkurrenz. Doch dies war kein Hindernis für Shake Shack, höchst erfolgreich zu sein. Innerhalb von gerade einmal zehn Jahren seit der Eröffnung des ersten Standortes in Form eines Hot-Dog-Wagens in Manhattan ist das Unternehmen auf 63 Filialen angewachsen. Beim Börsengang[lvii] im Jahr 2015 erreichte der Kurs der Aktie Höchstwerte und bescherte Shake Shack einen Unternehmenswert von unglaublichen 1,6 Milliarden Dollar und war damit pro Filiale zehnmal so hoch bewertet wie der Branchenriese McDonald′s.[lviii] Ein starkes Zeichen der Investoren dafür, dass auch an der Fast-Food-Kasse nicht immer nur der Preis zählt.

Biokiste direkt vom Landwirt

In vielen Ratgebern für bessere Ernährung, zur Selbstversorgung und auch für Nachhaltigkeit wird häufig angeraten, sich einen eigenen

Garten anzulegen. Ganz bestimmt schmeckt Gemüse und Obst, das man selbst im eigenen Garten geerntet hat, besser als jedes andere Nahrungsmittel und es bietet zudem eine gute Möglichkeit, um sich unabhängiger zu versorgen und sich gesund zu ernähren. Doch solange Vertical Farming nicht auch auf den privaten Bereich ausgedehnt wird, denke ich nicht, dass dies ein Ratschlag ist, der für alle Menschen auf einfache Art und Weise funktionieren kann, zumal mehr als 50% der Menschen heute in Städten leben. Viele haben weder die Zeit, noch die notwendigen Grünflächen zur Verfügung, um sich selbst zu versorgen. Ich denke auch, dass es nicht Sinn und Zweck sein sollte, alle Leistungen zur Erarbeitung unserer täglichen Bedürfnisse wieder selbst zu übernehmen. Spezialisierung in der Arbeitsteilung hat uns weit gebracht und das sollte wahrscheinlich auch so bleiben.

Jeden Samstag zum Bauernmarkt zu gehen und dort dann sehr wahrscheinlich wiederum nur einige der Produkte zu erhalten, die ich für meinen Bedarf benötige, ist jedoch, ehrlich gesagt, auch nicht mein Ding, obwohl immer mehr Menschen wieder Reiz daran finden und diese alternative Möglichkeit des Einkaufens nutzen. Für mich persönlich lässt sich dies jedoch nur schwer in meinen Wochenablauf integrieren und so habe ich einen anderen Selbstversuch gestartet:

In der Umgebung der meisten Großstädte gibt es mittlerweile bereits entsprechende *Biokistl*-Angebote von Landwirtschaftsbetrieben. Mittels Online-Bestellung lässt sich eine Kiste voller Bio-Gemüse und

Obst in M, L oder XL bestellen und wird bis vor die Wohnungstüre geliefert. Auf Wunsch auch wöchentlich oder zweiwöchentlich im Abo oder ganz flexibel nur dann, wenn es gewünscht wird.

Also machte ich mich auf die Suche nach örtlichen Anbietern einer solchen Biokiste und schon bald auch große Augen. Der Onlineshop des Biohofs meiner Wahl bot nämlich weitaus mehr als nur die gesuchte Biokiste. Angefangen von Wurst- und Käsespezialitäten über den Liter Milch sowie Gebäck und Brot fanden sich dort sogar Hygieneartikel, eine riesige Auswahl an vegetarischen Speisen sowie auch Puddings, Knabbergebäck und Süßigkeiten, was für den wöchentlichen Großeinkauf durchaus ausreichend erschien.

Selbstverständlich wird das riesige Angebot an Produkten nicht von diesem einen Biohof[lix] alleine hergestellt, sondern die Betreiber arbeiten auch mit anderen Herstellern zusammen, die möglichst nachhaltig arbeiten, damit den Kunden ein vollständiges Sortiment an einem Ort geboten werden kann. Wir haben es für unseren 2-Personen-Haushalt drauf ankommen lassen und versucht, einen Wocheneinkauf zusammenzustellen. Natürlich fiel der Warenkorb etwas teurer aus als sonst, allerdings gar nicht so viel teurer wie ich es erwartet hätte. Berechnet man allerdings noch mit ein, dass man mitunter andernfalls noch teures Benzin verfährt, um vielleicht sogar mehrere Geschäfte anzufahren und dann auch noch viel Zeit dabei draufgeht, die man auch anders nützen könnte, macht die Rechnung aber durchaus wieder Sinn.

Keine Ahnung, wann ich zum letzten Mal mit einem solch guten Gefühl Lebensmittel eingekauft hatte. Es war ein regelrechtes Vergnügen, all die für mich neuen Produkte im Online-Shop zu begutachten und die interessantesten davon in den Warenkorb zu legen. Am Liefertag war ich zwar zuhause, doch der Lieferant hatte nicht geklingelt. Ich hatte bei der Bestellung angegeben, dass die bestellten Waren auch vor der Wohnungstüre abgestellt werden konnten. Als ich diese schon kurz nach dem Aufstehen in der Früh öffnete, standen dort drei große Kisten mit den Einkäufen.
„Was für ein toller Service", ging mir durch den Kopf. Keine Rennerei von einem Geschäft zum anderen, pünktliche Lieferung bis an die Haustüre und die Waren sind gut geschützt und dank Thermobox sogar gekühlt. Vom Geschmack noch gar nicht zu sprechen – Unglaublich, wie geschmackvoll ein Paradeiser sein kann, wenn man sich schon an Industrietomaten aus Treibhausfarmen gewöhnt hat – und wie gehaltvoll und voller Geschmack Brot oder auch Käse sein können. Man merkt den Lebensmitteln regelrecht an, mit welcher Sorgfalt sie nach traditioneller Weise hergestellt wurden. Pure Begeisterung!

Natürlich bedeutet dies nicht, dass es für jeden das einzig Richtige wäre, jede Woche bei einem solchen Anbieter einzukaufen und auch ich tue das bisher nicht, doch ich finde, es macht wirklich Spaß, sich ab und zu auch einmal andere Einflüsse auf dem Esstisch zu gönnen. Ich verspreche, es ist ein Erlebnis für alle Sinne. Schließlich sind die Produkte gesund, haben vollen Geschmack und werden zudem in einer Art und Weise produziert, die Tier und Umwelt schont und die positive Entwicklung der eigenen Region stärkt.

Einige der Anbieter von Gemüse- und Obst-Abos sind heute als so genannte CSAs (Community supported Agriculture) organisiert bzw. als solidarische Landwirtschaften und gehen noch eine Stufe weiter. Bei diesen CSAs garantiert eine Gruppe von Konsumentinnen und Konsumenten für einen gewissen Erntezeitraum die Abnahme der Produkte zu einem bestimmten Preis. In einigen Fällen findet auch ein Ausgleich statt, sodass einkommensstärkere Konsumentinnen und Konsumenten bewusst mehr bezahlen als einkommensschwache Mitglieder der Gemeinschaft. Üblicherweise hat jeder auch das Recht, freiwillig im Betrieb mitzuarbeiten und damit die eigenen Lebensmittel zu produzieren; Verpflichtung besteht jedoch keine. Eine willkommene Variante für alle, die gerne an der frischen Luft sind und wissen möchten, wo ihre Nahrungsmittel herkommen.

Genauso wie sich Menschen zusammenfinden, um gemeinsam Landwirtschaft neu zu beleben, finden sich auch Konsumenten immer öfter zusammen, um sich für die Produkte stark zu machen, die sie gerne kaufen möchten. In vielen Regionen entwickeln sich bereits so genannte Foodcoops. Eine Idee, die sich sicherlich auch auf andere Bereiche gut übertragen ließe. Dabei handelt es sich zumeist um Gruppen von Menschen, die gerne Lebensmittel abseits der vorherrschenden Angebote kaufen möchten und sich in der einen oder anderen Form organisieren. Diese Organisationen können unterschiedlichste Formen annehmen. Hier ein Beispiel: Es gibt da einen Regionalladen in der Vorstadt, der Produkte von Bauern aus der Region an einem zentralen Standort anbietet. Der Laden hat nicht jeden Tag geöffnet, sondern nur zu Zeiten, zu denen auch die Mitglieder, die sich als Personal zur Verfügung stellen, Zeit haben. Auch ein wöchentlicher Zustellservice ist bereits geplant.

Ein Kunde, der regelmäßig dort einkauft - nennen wir ihn Klaus - ist von der Milch aus dem Supermarkt nicht begeistert. Er wünscht sich Rohmilch. Die Bauern hätten kein Problem damit, Rohmilch zu liefern, doch nur für eine Person ist das leider zu wenig und nicht wirtschaftlich zu betreiben. Ebenso wenig für den Regionalladen. Klaus ahnt allerdings, dass er nicht der

Einzige in seiner Gegend ist, der gerne Rohmilch kaufen möchte. Also öffnet er die App des Regionalladens auf seinem Smartphone, wo er seinen Produktwunsch eingeben kann. In der Folge melden sich über die App noch 6 weitere Personen aus der Region, die regelmäßig Rohmilch bei dem Laden kaufen würden. Nun lohnt es sich auch für den Bauern und den Regionalladen und schon bald findet sich die Rohmilch auch im Sortiment. Bauer und Laden verdienen Geld und die Rohmilch-Fans sind glücklich.

Vielleicht wird in den Geschäftsetagen ja schon darüber diskutiert und es ist davon nur noch nichts nach außen gedrungen, doch ich frage mich, warum große Unternehmen dies eigentlich noch nicht aufgegriffen haben und damit ihren Kunden die Möglichkeit geben, zu bestimmen, was in Zukunft ins Regal kommen soll, noch bevor dies tatsächlich auf *gut Glück*[lx] passiert und dann womöglich zum Ladenhüter wird. Auch das Potenzial von Shop-in-Shop-Systemen ist sicherlich noch nicht restlos ausgereizt.

TEILEN STATT KAUFEN

Eine Möglichkeit, die dazu geeignet sein könnte, um einerseits Ressourcen zu sparen sowie andererseits auch geplante Obsoleszenz zu vermeiden, besteht darin, Dinge zu mieten, anstatt sie immer gleich zu kaufen. Denn in Wirklichkeit nutzen wir die meisten Dinge sehr viel seltener, als wir denken und geben daher mehr Geld dafür aus, als wir müssten. Dennoch müssen wir die Kosten für die Reparatur oder den Ersatz selbst übernehmen, wenn die Dinge kaputt gehen und haben auch noch den Aufwand, einen geeigneten Reparaturdienst dafür zu finden und das Gerät dorthin zu bringen. Ein Zeitaufwand, den die meisten Menschen nicht in Form von Kosten berücksichtigen. Wäre es nicht schön, wenn wir ein Gerät immer dann nutzen könnten, wenn wir es bräuchten und sich jemand darum kümmern würde, damit es auch immer funktioniert – und das mitunter zu einem Bruchteil der Kosten, die uns entstehen, wenn wir dasselbe Gerät kaufen und selbst warten müssten? Gibt es nicht? Doch, gibt es. Das Konzept von Carsharing, wie es in vielen Städten der Welt bereits angeboten wird, könnte Modellcharakter für viele andere Bereiche haben. Beim Carsharing teilt sich sozusagen eine große Zahl an Nutzern die Kosten für mehrere Autos, die den Nutzern zur Verfügung stehen. Die Nutzer müssen sich dazu nicht einmal persönlich kennen, da ein Carsharing-Dienst zwischengeschaltet ist, der die Organisation übernimmt. Die Autos sind überall in der Stadt verteilt und können mittels einer Karte jederzeit in Betrieb genommen werden. Verrechnet wird meist pro Minute der Nutzung. Braucht man das Auto nicht mehr, stellt man es einfach wieder ab und ist damit auch die gesamte Verantwortung für Wartung, Reparatur, TÜV-Überprüfung, Reifenwechsel, Service-Termine und ähnliche zeit- und geldraubende Dinge los. Denn dies übernimmt alles der Carsharing-Anbieter. Carsharing wird bereits in vielen Städten angeboten und auch eifrig genutzt. Natürlich mag es auch einige Nachteile dieses Konzepts geben wie z.B. die Tatsache, dass das Auto meist nur in einer abgegrenzten Region genutzt werden darf oder mitunter nicht immer ein Auto in der Nähe verfügbar ist, wenn man es gerade brauchen würde. Doch ich denke, dass dieses Konzept auch auf viele andere Branchen ausgedehnt werden könnte. Es gilt lediglich, ein unwiderstehliches Gesamtpaket zu schnüren, das weitaus verführerischer ist, als die Kaufvariante.

Ich bin sogar überzeugt davon, dass wir dann in vielen Fällen durch solche Teil-Modelle plötzlich Produkte und Leistungen in Anspruch nehmen könnten, die bei der Kauf-Variante eigentlich weit über unseren finanziellen Möglichkeiten liegen würden. Da die Kosten jedoch auf mehrere Menschen aufgeteilt werden, muss jeder nur einen kleinen Teil beitragen. Wie wäre es also mit einer Yacht am Mittelmeer, die wir zwar nicht besitzen, aber jederzeit nutzen könnten? Oder mit einem riesigen Dachterrassenpool inkl. Poolboy, sodass wir uns nicht selbst um die Wasserreinheit kümmern müssten? Der einzige Nachteil besteht darin, dass man sich den Pool mit seinen Nachbarn teilen muss. Viele Wohnbauvereinigungen gehen heute bereits diesen Weg und teilen die Kosten dafür auf die jeweiligen Mieter in Mehrparteienhäusern auf. Ich gebe zu, auch Privatsphäre oder die Möglichkeit zur privaten Nutzung von Einrichtungen sind ein entscheidender Faktor. Doch vielleicht sind diese Nutzungskonzepte auch nur noch nicht fertig optimiert und eventuell bietet zukünftige Technologie noch mehr Unterstützung, um auch an diesen Schrauben noch zu drehen.

Nach einem ähnlichen Muster gehen Co Working Spaces vor. Dabei handelt es sich meist um Großraumbüros, in denen einzelne Schreibtische an verschiedene Mieter vermietet werden. Diese Möglichkeit wird vor allem von Selbständigen, Startups und jungen Bootstrap[lxi]-Unternehmen genutzt, die die volle Infrastruktur eines großen Büros und einer renommierten Firmenadresse nutzen möchten, aber dafür nur eine weitaus geringere Miete zu bezahlen haben als bei der Anmietung eines vergleichbaren Einzelbüros. Viele Co-Working-Plätze bieten sogar flexible Schreibtische, die tageweise anmietbar sind. Neben den vollwertigen Schreibtischen in zumeist sehr kreativ gestalteten Räumlichkeiten schätzen die Mieter beim Co Working vor allem den nahen Kontakt zu anderen Unternehmen. Auch die vollwertige Infrastruktur, die sie mit nutzen können wie Konferenzräume, Cafeteria-Bereiche und manchmal sogar Video-Studios oder Werkstätten stellen ein wesentliches Plus dar.

Der Gedanke der gemeinschaftlichen Nutzung lässt sich auf viele andere Bereiche ausdehnen. Auf Plattformen wie frents.com oder leihdirwas.de finden sich beispielsweise vielfältigste Gegenstände von der Fotokamera über die Bohrmaschine bis hin zu Beamern und Kinderwägen, die bei Menschen daheim ganz einfach herumstehen und nicht oder kaum genutzt werden. Damit diese Gegenstände einen Zweck erfüllen, können sie über die Plattformen von anderen Personen, die genau diese Gegenstände brauchen, aber eben nicht unbedingt kaufen möchten (oder können), tageweise gemietet werden. Warum also ein teures Foto-Equipment für ein Fotoshooting, das nur einen halben Tag dauert, kaufen, wenn es sich auch in der Nachbarschaft für einen kleinen Beitrag ausleihen lässt? Und vielfach sogar kostenlos! Moment, kostenlos?? Ja, denn wie aus einer Studie der Universität Innsbruck hervorgeht, liegt die Hauptmotivation der Teilnehmerinnen und Teilnehmer an Share-Plattformen nicht etwa darin, Geld zu sparen bzw. zu verdienen oder Ressourcen zu schonen, sondern für sie steht der Gemeinschaftsgedanke im Mittelpunkt. Viele Menschen erhalten ein Gefühl von Erfüllung, wenn sie anderen aus der Patsche helfen können oder sie möchten auch einfach nur gerne mit anderen Menschen aus ihrer Nachbarschaft in Kontakt kommen.[lxii]

Das Prinzip der Shareconomy ist übrigens nicht unbedingt neu. Schon Rudolf Diesel beschreibt in seinem 1903 erschienenen Werk *Solidarismus* sehr ähnlich, wie etwa Arbeiter eines Unternehmens davon profitieren können, wenn sie Einrichtungen wie Fitnessräume, Theater oder auch Gesundheitseinrichtungen, die ihr Arbeitgeber organisiert und zur Verfügung stellt, gemeinsam nutzen und gemeinschaftlich finanzieren.

Ich bin davon überzeugt, dass die technologischen Potenziale in den nächsten Jahrzehnten dazu beitragen können, dass es in Zukunft weitaus bequemer und einfacher wird, sich Dinge auszuleihen oder temporär zu nutzen und dass auch die Nachteile im Vergleich zu gekauften Dingen wett gemacht werden können (z.B. Komfort, Privatsphäre, Verfügbarkeit).

MIETEN STATT KAUFEN

Viele Dinge können wir heute bereits mieten, anstatt sie zu kaufen. Und in immer mehr Fällen, wenngleich insgesamt gesehen bisher auch nur für wenige Produktgruppen, werden dazu auch verschiedene Servicegarantien oder Funktionsgarantien mit angeboten, die mitgemietet oder gegen Aufpreis in Anspruch genommen werden können. Vielfach handelt es sich dabei um Leasingverträge, bei denen das Eigentum erst dann auf den Leasingnehmer übergeht, wenn dieser einen Betrag bezahlt hat, der dem Neukaufpreis gleichkommt oder diesen sogar übersteigt. Doch ließen sich diese Modelle vielleicht auch andersartig gestalten, sodass sich eine Win-Win-Situation für alle Beteiligten schaffen lässt?

Probieren wir dies am Beispiel eines Rasenmähers. Nehmen wir an, der Rasenmäher kostet beim Händler € 300,--. Ein Gartenbesitzer, der sich diesen Rasenmäher kauft, kann ihn für sich alleine nutzen und jederzeit in Anspruch nehmen. Realistisch gesehen wird er diesen jedoch nur wenige Stunden in den Frühjahrs- und Sommermonaten benötigen. Darüber hinaus wird der Rasenmäher irgendwann kaputt gehen und der Gartenbesitzer muss wieder Geld investieren, um ihn reparieren zu lassen oder zu ersetzen.

Der Preis von € 300,-- liegt natürlich höher als der Herstellungspreis bzw. der Einkaufspreis, den der Händler zu bezahlen hat. Liegt der Einkaufs- bzw. Herstellungspreis für den Händler bei € 150,-- und berücksichtigen wir der Einfachheit halber für das Beispiel keinerlei Steuern oder andere Abgaben, so liegt sein Gewinn bei € 150,--. Diese € 150,-- kann der Händler einmalig lukrieren, bis der Gartenbesitzer den Rasenmäher ersetzen muss. Nehmen wir eine Nutzungsdauer von 5 Jahren an, dann also alle 5 Jahre. Gäbe es noch ein anderes Geschäftsmodell?

Was, wenn der Rasenmäher-Händler die Gartengeräte nicht verkauft, sondern vermietet? Die Gartenbesitzer zahlen dann z.B. einen bestimmten monatlichen Betrag an den Händler, der im Gegenzug den Rasenmäher zur Verfügung stellt. Dies könnte beispielsweise geschehen, indem der Rasenmäher in einer zentral gelegenen Gartenhütte in einer Straße mit 10-15 Häusern platziert wird. Die Anrainer haben z.B. über SMS-Code Zugang zu der Gartenhütte und können den Rasenmäher jederzeit reservieren.

Nehmen wir an, der monatliche Betrag, für den Gartenbesitzer den Rasenmäher mieten können, liegt bei € 4,--. Umgeschlagen auf die Nutzungsdauer von 5 Jahren ist dies monatlich € 1,-- weniger als bei der Kaufvariante. (€ 300,-- : 60 Monate = € 5,--)
Zudem verstellen sich die Gartenbesitzer mit der Mietvariante weder Platz in der Garage, noch müssen sie sich um Wartung und Instandhaltung kümmern, was zusätzliche Kosten mit sich bringen würde. Für den Mieter scheint die Mietvariante somit deutliche Vorzüge zu haben. Doch wie sieht es mit dem Vermieter aus?

Vermietet er den Rasenmäher 5 Jahre lang an einen Mieter, spült ihm dies € 240,-- in die Kasse (€ 4,-- x 60 Monate). Bei einem Einkaufspreis von € 150,-- macht dies allerdings nur € 90,-- Gewinn. Also deutlich weniger als die € 150,--, die er bei der Kaufvariante erzielen könnte.

Doch wie sieht dies beim zweiten Mieter aus? Rechnerisch würde der Vermieter beim zweiten Mieter natürlich ebenfalls € 240,-- erzielen, muss dabei allerdings keinen Einkaufspreis mehr abziehen, da der genutzte Rasenmäher derselbe bleibt und die Kosten dafür mit dem ersten Mieter bereits abgedeckt sind. Insgesamt hat er mit ein und demselben Rasenmäher nach 5 Jahren € 330,-- erzielt. Schon ab dem 2. Mieter hätte der Händler somit bereits mehr verdient als beim Kaufmodell.

Zur besseren Übersicht hier der Vergleich des Kaufmodells und des Mietmodells mit jeweils 10 Käufern bzw. 10 Mietern nach 5 Jahren.

Kaufmodell:

Käufer	Gewinn	Gewinn gesamt
Käufer 1	€ 150	€ 150
Käufer 2	€ 150	€ 300
Käufer 3	€ 150	€ 450
Käufer 4	€ 150	€ 600
Käufer 5	€ 150	€ 750
Käufer 6	€ 150	€ 900
Käufer 7	€ 150	€ 1050
Käufer 8	€ 150	€ 1200
Käufer 9	€ 150	€ 1350
Käufer 10	€ 150	€ 1500

Beim Kaufmodell macht der Händler mit 10 Käufern somit 1500 Euro Gewinn.

Mietmodell:

Mieter	Gewinn	Gewinn gesamt
Mieter 1	€ 90	€ 90
Mieter 2	€ 240	€ 330
Mieter 3	€ 240	€ 570
Mieter 4	€ 240	€ 810
Mieter 5	€ 240	€ 1050
Mieter 6	€ 240	€ 1290
Mieter 7	€ 240	€ 1530
Mieter 8	€ 240	€ 1770
Mieter 9	€ 240	€ 2010
Mieter 10	€ 240	€ 2250

Mit dem Mietmodell würde der Händler bei 10 Nutzern nach 5 Jahren € 2250 verdienen und damit € 750 mehr als beim Kaufmodell!

Schafft es der Händler, durch ordnungsgemäße Wartung oder falls er selbst Hersteller ist, von Anfang an langlebigere Materialien zu verwenden und damit die Nutzungsdauer von 5 Jahren auszudehnen, verdient er mit jedem Monat über die 5 Jahre hinaus weitere € 40,-- dazu, während er beim Kaufmodell darauf hoffen muss, dass sich die Käufer bei Ersatz oder Reparatur wieder für ihn und nicht für seine Konkurrenz entscheiden. So aber hat er Verträge oder steht mit den Mietern oft in

Kontakt und kann sich eher darauf verlassen, dass diese auch weiterhin sein Angebot nutzen werden.

Natürlich, auch die Gartenhütte für die Unterbringung und Bereitstellung des Rasenmähers in der Straße kostet Geld wie auch die Fahrten zu den Stationen, um das Gerät regelmäßig zu kontrollieren und zu warten. Im Gegenzug wird jedoch kein Verkaufsladen benötigt und es müssen keine großen Lagerstände auf eigenes Risiko gehalten werden. Auch immer wiederkehrende Verkaufsgespräche bleiben aus. Denn macht der Händler bzw. Vermieter seinen Job gut, ist davon auszugehen, dass er sich eine treue Mieterschaft erhält, wodurch auch der Werbeaufwand deutlich geringer ausfallen sollte. Denn die Mieter sparen sich Geld, Platz in der Garage, aber vor allem viel Zeit und Ärger, da sie sich Wartung und Ersatzteil-Suche ersparen und diese Energie lieber schöneren Dingen widmen können. Außerdem können Sie das Gefühl genießen, zur Einsparung von Rohstoffen und allen damit verbundenen Folgen sowie zur Reduktion geplanter Obsoleszenz beitragen zu können.

Zudem kann die Miet-Station in der Straße zum Treffpunkt und Gesprächsthema für die ganze Nachbarschaft avancieren und selbstverständlich ist es denkbar, dass diese nicht nur als Station für einen Rasenmäher dient, sondern theoretisch natürlich auch noch für eine Reihe anderer Miet-Produkte für den Garten oder andere Bereiche.

Ich gebe zu, ich bin kein Experte für Rasenmähertechnik und ein erfahrener Händler für Rasenmäher kann mit Sicherheit deutlich besser die reale Nutzungsdauer oder auch Einkaufs- bzw. Herstellerpreise abschätzen. Ich denke jedoch, dass es sich in jedem Fall lohnen könnte, sich ein solches alternatives Modell näher anzusehen oder weiter zu entwickeln.

Die neuen Märkte;
bunter, größer, einfacher?

Es ist sehr schwer, einen modernen Lebensstil von einem Tag auf den anderen zu ändern.[lxiii] Gewohnheiten stecken tief in uns drin und nicht in jedem Moment sind wir uns der Auswirkungen unserer Handlungen bewusst. Doch vielleicht geht es gar nicht darum, dass wir alle sofort unseren Konsum komplett umstellen. Ich denke, ein reizvolles Experiment, das schon mittelfristig weitaus mehr Erfolgsanzeichen verspricht, ist es, wenn wir uns ernsthaft dazu entschließen, nur einen Teil unseres Konsums zu überdenken. Ich denke, es wäre wichtig, dass jeder dort ansetzt, wo es ihm am leichtesten fällt. Sei es, anstatt jede Woche die gleichen Lebensmittel einzukaufen, auch einmal auszuprobieren, welche Händler es noch gibt und ob man seinen Bedarf auch bei einem Biohof, einem Unpackaged-Händler, auf dem Markt oder auch nur bei einem anderen Supermarkt als bisher decken kann. Auch andere Einkaufsgewohnheiten können interessante Erkenntnisse mit sich bringen; sei es, zu überdenken, wo man sein nächstes Auto kauft, seine Bücher oder Kleidung bestellt oder ob es sich nicht doch lohnt, zu einem Mobilfunk-

oder Internetanbieter zu wechseln, der es ehrlicher mit Kunden meint als der bisherige. Vielleicht fällt es dem einen oder anderen auch leichter, für Elektrogeräte etwas mehr bei einem kleinen Anbieter um die Ecke zu bezahlen und sich damit diese nahe Versorgungsquelle zu sichern. Vielleicht ist es dem einen oder anderen auch wichtig und möglich, anstatt 5 Mal in der Woche mit dem Auto zur Arbeit zu fahren, ein oder zwei Mal davon den Zug oder das Fahrrad zu nehmen. Oder aber auch von daheim zu arbeiten. Es scheint, als wären es nur kleine Schritte, doch sie haben enorme Auswirkungen.

Es ist ganz so wie beim Beispiel mit dem Fleisch. Es geht nicht darum, 50% der Menschen davon zu überzeugen, statt 7x in der Woche plötzlich gar kein Fleisch mehr zu essen. Nein, es ist weitaus einfacher, 50% der Menschen davon zu überzeugen, nur mehr 5 von 7x die Woche Fleisch zu essen. In der Folge werden sie vielleicht andere Lebensmittel für sich entdecken - Ja, es kann Spaß machen, neue Produktwelten zu erkunden und sich auf Kauf-Experimente einzulassen!

Dabei denke ich noch gar nicht so sehr an Tofu-Produkte, sondern an Gemüsesorten, die sie noch nicht kannten und ihnen bis dato unbekannte Rezepte.

In der Folge würde übrigens die Nachfrage für Gemüse und Nudeln ansteigen und die jeweiligen Branchen werden durch diese Nachfrage unterstützt und können noch besser genau das tun, was sie gerne tun: Gute und vielfältige Lebensmittel produzieren und flächendeckender anbieten. Dieselben Effekte könnten wir in anderen Bereichen erzielen. Etwa bei der Mobilität, bei Urlauben, im Unterhaltungsbereich, bei Elektrogeräten und den unterschiedlichsten Dienstleistungen. Es geht nicht darum, Rückschritte zu machen oder auf Angebote zu verzichten. Vielmehr sollte es darum gehen, diejenigen Unternehmen nach Möglichkeit zu unterstützen, von denen wir denken, dass sie einen großartigen Job machen! Auch wenn wir nicht alle Initiatoren, Erfinder und Gründer sind, können wir alle unseren Teil beitragen. Unsere Geldbörsen sind ein wunderbares Werkzeug, um unsere eigene Zukunft mitzugestalten! Lasst uns für Mini-Impacts mit großen Folgen sorgen.

Dabei dürfen wir niemals außer Acht lassen, wie viele wir sind. Die Anzahl der konsumierenden Bevölkerung ist enorm. Alleine in Europa leben über 740 Mio. Menschen und jeder von ihnen konsumiert auf die eine oder andere Weise. Mit ihren Ausgaben halten sie unzählige Unternehmen und Wirtschaftskreisläufe am Leben. Diese Konsumenten entscheiden, welche Unternehmen es morgen noch geben wird und welche nicht. Oder welche heute vielleicht noch kleinen und unscheinbaren Unternehmen schon morgen wie Phönix aus der Asche emporsteigen dürfen und den Markt komplett umkrempeln können. Sie erhalten diese Macht von den Konsumentinnen und

Konsumenten in Form von Umsätzen. Die Entwicklung Europas wird also nicht nur in den Hauptstädten wie Brüssel, Moskau, London, Paris oder Berlin entschieden. Die Entscheidungsträgerinnen und –träger sitzen verteilt über den gesamten Kontinent und dürfen jeden Tag sogar mehr als nur einmal ihre Stimme dafür abgeben, wohin die Reise gehen soll. Unternehmen sowie auch politische Institutionen beobachten das natürlich sehr genau. Sie werden reagieren!

Es wird klar, dass es sich um ein Wechselspiel handelt. Es braucht beide Seiten. Konsumenten, die bewusst einkaufen möchten und Unternehmen, die gute Produkte bieten.
Hier liegt ein wichtiger Punkt. Es gibt schon viele Beispiele von Unternehmen, die ernsthaft an der positiven Entwicklung unserer Gesellschaft interessiert sind und versuchen, ihre Aktivitäten damit in Einklang zu bringen und nicht alles ausschließlich dem Ziel des Profit unterordnen. Es ist wichtig, dass diese Unternehmen ihren Weg fortsetzen und noch viele weitere Menschen mit Ideen den Mut finden, diese in die Tat umzusetzen und Alternativen zu bieten. Ich bin überzeugt davon, dass wenn sie ihren Weg gehen, sich der Profit als positive Folge ihrer Arbeit einstellen wird. Gleichzeitig bedarf es Menschen, die das immer dichter werdende Angebot am Markt sichten und Wegweiser für diesen Markt zur Verfügung stellen.

Das kann beispielsweise in Form von Webseiten sein, auf denen Produkte getestet und empfohlen werden oder sei es z.B. in Form von Apps, die beim Einkauf der raschen Beurteilung von Produkten im Hinblick auf die damit einhergehenden Folgen helfen. Hier wurde schon einiges getan, aber ich bin sicher, dass das Potenzial noch um einiges größer ist und hier ein wunderbarer kleiner Mikrokosmos an Werkzeugen und Hilfsmitteln entstehen kann, um es Konsumentinnen und Konsumenten einfacher zu machen, die für sie passenden Anbieter aus der riesigen Anzahl an großen wie kleinen Unternehmen ausfindig zu machen, die schon heute existieren und weiter wachsen.

lxiv

Wenn ihr euch schwer tut, die passende Alternativen zu finden, seid selbst Initiatorinnen und Initiatoren! Schafft die Möglichkeiten, damit es einfacher wird. Ihr seid sicher nicht alleine. Apps, Online-Shops oder Auflistungen von Informationen im Internet kosten nicht die Welt. Manchmal auch nur etwas Zeit. Teilt Informationen, kooperiert miteinander und mit den bestehenden Playern am Markt. Denn auch sie sind interessiert daran, auch morgen noch gute Geschäfte zu machen, auch wenn dies heißen mag, auf veränderte Kaufgewohnheiten zu reagieren und das Sortiment zu verändern.

„Man bewirkt niemals Veränderung, indem man das Bestehende bekämpft. Um etwas zu verändern, schafft man neue Dinge oder geht andere Wege, die das Alte überflüssig machen.“

Richard Buckminster Fuller

Um unseren Markt zu verändern und Neues zu schaffen, braucht es mündige Konsumenten, die die Veränderung durch ihr Tun fördern. Doch mindestens ebenso wichtig ist die Rolle der Unternehmen. Ein wesentlicher Grund, warum ich denke, dass Unternehmen neben den Konsumenten eine bedeutende Rolle spielen, ist ein äußerst praktischer. Zeit!

Im Internet finden sich tausende Do-it-Yourself-Anleitungen, um sich Zahnpasta, Seife, Haushaltsreiniger und auch viele andere Dinge selbst herzustellen, die viel besser funktionieren, fairer erzeugt werden können, umweltfreundlicher oder gesünder sind. Aber ganz ehrlich: Ich habe großen Respekt vor Menschen, die das tatsächlich tun und die Alternativen ausprobieren, um sich selbst ein Bild davon zu machen. Aber kann dies ein vervielfältigbares Schema für alle Menschen werden? Ich bezweifle, dass jeder von uns tatsächlich ausreichend Zeit, Muße und Know-how hat, um sich seine alltäglichen Gebrauchs- und Verbrauchsgüter selbst herzustellen. Es sei denn, wir sind irgendwann in der Lage, 3D-Drucker zu nutzen, die uns alle diese Produkte, hergestellt aus den von uns gewünschten Inhaltsstoffen, auf Knopfdruck direkt zuhause und in wenigen Momenten erzeugen.

Doch bis es so weit ist, würde ich mein Vertrauen gerne einem Unternehmen schenken, das mich überzeugt hat und das mir ein hoch professionelles Produkt liefert, das meinen Ansprüchen und Werten gerecht wird und mir fertig geliefert wird, um mir Zeit und Aufwand zu sparen. Dieses Unternehmen wird durch meine und die Käufe anderer nicht nur in der Lage sein, genau das weiter zu tun, was es tut, sondern auch in PR-Kommunikation investieren können, sodass auch Menschen, die ansonsten nicht damit in Berührung kämen, neugierig werden.

„Zu allem Glück gehört auch ein bisschen Überfluss"

Wenn wir daran denken, beim Einkaufen und überall dort, wo wir Geld ausgeben, das Richtige zu tun, dann verbinden wir das leider häufig mit zumeist eher negativ besetzten Worten wie Mangel, Verzicht oder Disziplin. Dazu sei nur eines gesagt:

„Unsere Gedanken prägen unsere Worte und unsere Worte prägen unser Handeln."

Chinesisches Sprichwort

Ich denke, dass wir neue Gedanken dafür prägen sollten. Es gibt schon heute unzählige Möglichkeiten, gute Entscheidungen zu treffen, die sich richtig anfühlen und die sogar mehr Spaß machen als bisherige Optionen.

Was sind die *richtigen* Entscheidungen? Was fühlt sich gut an, was nicht?

Das sollte jeder selbst für sich entscheiden, denn die *richtige Entscheidung, das richtige Produkt oder Kaufverhalten* gibt es ohnehin nicht.

Angesichts einer drohenden Klimakatastrophe, des überstrapazierten Raubbaus an der Natur und der großen Ungleichheit auf der Welt wäre die richtige Entscheidung wohl eher, alle modern-wirtschaftlichen Aktivitäten sofort aufzugeben, zurück in den Wald zu gehen, solange es ihn noch gibt und in kleinen solidarischen Gruppen genügsam als Nomaden umherzuziehen.[lxv]

Ich denke jedoch nicht, dass wir das wirklich möchten.[lxvi] Wir sind einfach zu weit gekommen und viele Aspekte der schönen bunten Welt, in der wir leben, möchten wir keinesfalls missen. Ich denke auch, dass das Streben nach Weiterentwicklung tief in uns Menschen verankert ist. Vielleicht sogar mehr als sonst irgendetwas. Entwicklung wird allerdings leider zu oft gleichgesetzt mit Wachstum und dieses Wachstum betreiben wir offensichtlich in einer Art und Weise, die weder für die Umwelt, noch für uns selbst allzu positive Auswirkungen hat. Es ist also weniger eine Frage des WAS (wir tun), sondern des WIE (wir es tun).

Ich bin nicht sicher, ob wir Wachstum quantitativ ewig fortsetzen können, qualitativ aber womöglich schon.

Es gab eine Zeit, da wurden Waren, die wir bestellt haben, nicht sofort am nächsten Tag geliefert. Mitunter waren sie sogar vergriffen und wir mussten Monate an Wartezeit in Kauf nehmen. Es gab eine Zeit, da waren Dinge, die für uns heute selbstverständlich sind, für viele unerschwinglich und so war es ein besonderer Festtag, wenn man sich die eine oder andere Sache doch einmal gönnen konnte. Die Wartezeit darauf wurde aber nicht zwangsläufig immer nur als Bürde empfunden. Vielleicht erinnern wir uns ja auch selbst noch an unsere Kindheit und wie sehr wir etwa die Tage bis zum Weihnachtsfest oder zu unserem Geburtstag zählten. War das eigentliche Ereignis und das Entgegennehmen der Geschenke dann nicht recht rasch vergessen und verblassen die damit verbundenen Emotionen nicht geradezu im Vergleich mit der Zeit der Vorfreude davor? Denn was hier passiert ist, denke ich, ist ähnlich wie der Unterschied beim Lesen eines Buches und beim Ansehen eines Filmes. Ein Film kann kurzweilig und spannend sein, kann Emotionen wecken und inspirieren, aber alles ist von einem Regisseur bis ins kleinste Detail vorgegeben. Das Aussehen der Schauspieler, das der Requisiten und die Atmosphäre, die das Bild prägen. Ein Buch jedoch gibt diesen engen Rahmen nicht vor. Wenn wir einen Roman lesen, dann sind es unsere Gedanken und unsere unermessliche Fantasie, die Regie führen. Wir entscheiden selbst, wie die Geschichte für uns aussehen soll. Und sie gestaltet sich für jeden anders! Es ist ein kreativer Prozess und daher wird ein Buch immer etwas anderes sein als ein Film. Ich denke, ein ähnlich kreativer Prozess findet auch statt, wenn wir uns auf eine Sache freuen.

Wenn wir sie dann besitzen, gibt es keine Geheimnisse mehr, keine offenen Fragen und es ist wieder alles vorgegeben. Vielleicht sollten wir manchmal wieder lernen, diese Vorfreude intensiver auszukosten und als Teil des Kauferlebnisses zu sehen. Es soll sogar Unternehmen geben, die diese Taktik bewusst anwenden und ihre Produkte absichtlich mit Verzögerung ausliefern. Überfluss darf also ruhig sein, denke ich. Die Frage ist, wie bewusst wir ihn tatsächlich genießen können.

Sehen wir doch nur, wie weit wir schon gekommen sind. Ein Teil unserer Konsumwelt wurde bereits heute virtualisiert und verändert damit zumindest die Folgen auf unsere Umwelt. Anstatt gedruckter Bücher kaufen wir bereits zum Teil E-Books und laden Spiele, Musik und Filme herunter, anstatt sie auf CD-Roms, DVDs und CDs einzulegen, die mit Rohstoffen produziert werden und über Tausende von Kilometern bis zum Konsumenten transportiert werden müssen. Um Mitteilungen rund um den Erdball zu verschicken, ist kein klassischer Transport von Briefen im Lkw mehr nötig und auch Zeitschriften und Prospekte müssen nicht mehr immer gedruckt werden. Darüber hinaus stehen wir an der Schwelle zu einer Ära, in der bereits große Autohersteller an Elektro-, Wasserstoff- und sogar Luftdruckmotoren arbeiten, die unsere Welt sauberer machen sollen. Technologien, die mit erweiterter Realität arbeiten, sind bereits weit gediehen und könnten uns schon bald ebenfalls helfen, Zeit, Ressourcen und Geld zu sparen. Etwa, um Meetings oder Ortsbesichtigungen zumindest nicht jedes Mal persönlich wahrzunehmen. Oder warum nicht ab und zu auch virtuell auf Urlaub fahren, anstatt tausende Kilometer um die ganze Welt zu schippern? Auch der 3D-Druck wird seinen Teil dazu beitragen, dass viele Dinge für noch mehr Menschen auf der ganzen Welt erschwinglich und verfügbar werden. In vielen Bereichen wird an neuartigen Materialien gearbeitet, die nachteiligere Materialien ersetzen sollen und auch hinsichtlich der Bedingungen, unter denen Menschen arbeiten, gibt es immer wieder hoffnungsvolle Beispiele. Das Gute daran ist, dass wir diese Bewegungen mit jedem Einkauf unterstützen können und den Unternehmen dahinter damit helfen, diese Entwicklungen schneller voranzutreiben.

Die schlechte Nachricht ist, dass einige dieser neuen Entwicklungen auch neue Bedingungen schaffen und damit große neue Fragezeichen aufwerfen. Vor allem die virtuelle Revolution. Denn viele Dinge, die mit Software und Technologie verknüpft sind, ersetzen Arbeitsplätze für Menschen. Und diese können in der Folge nicht mehr so stark konsumieren, was wiederum mit deren Wohlbefinden in Zusammenhang steht. Die Frage ist allerdings meiner Ansicht nach nicht, ob wir daher lieber da stehenbleiben sollten, wo wir uns befinden, sondern wie wir mit der neuen Situation umgehen. Oder ob es womöglich doch sogar mehr Arbeitsplätze für alle gibt, wenn in anderen Bereichen im Gegenzug auch wieder regionalere Strukturen den Vorzug bekommen. Die Frage ist, wie sinnvoll es ist, sich auf ein System zu stützen, das vorrangig die stark ausgeprägten Elemente Arbeit und Konsum enthält. War das unser Plan? Wollten wir uns nicht weiter entwickeln? *Wollten wir nicht nach den Sternen greifen?*

Die neuen
Helden II

Wie bereits angedeutet, liegt also ein wesentlicher Teil der Herausforderungen, die wir in der Zukunft noch zu bewältigen haben, auf der Seite der Unternehmen. Schon heute gibt es zahlreiche innovative Unternehmen, die Märkte und Marktnischen neu denken. Häufig sind es gerade kleine Anbieter, die dadurch einen wesentlichen Marktvorsprung gegenüber den Big Playern gewinnen, da sie, gehindert durch große, schier unüberblickbare Strukturen nicht immer entsprechend mitziehen können. Diese mutigen, kleinen Unternehmen sind die neuen Helden. Die folgenden Beispiele sollen einige Anstöße dazu geben, wie viel wir dennoch an unserer Konsumwelt verändern können und dass unsere Märkte nicht das starre Konstrukt sind, als das wir es oft wahrnehmen. Oft genügen sogar sehr kleine Maßnahmen, um Entscheidendes zu bewirken.

Der stationäre Handel hat in den letzten Jahren stark unter der Hinwendung der Konsumentinnen und Konsumenten zu Online-Shops gelitten, die ein weitaus größeres Angebot bieten können, schnell und bequem bis an die Haustüre liefern und meist auch noch preislich günstiger sind.[lxvii] Es scheint, als hätte der traditionelle Handel lange gebraucht, um die Zeichen der Zeit zu erkennen und sich entsprechende Reaktionen auf diese Entwicklung zu überlegen. Doch er hat reagiert. So gehen etwa immer mehr Möbelhäuser heute dazu über, nur mehr kleinere Lokale in Innenstadtlage anzumieten, wo Möbel zwar präsentiert, nicht aber zwangsläufig auch verkauft werden. Die Kundschaft hat die Möglichkeit, die Möbel zu begutachten und direkt über das Smartphone oder später daheim im Online-Shop zu bestellen. Speziell bei Produkten wie Möbeln, bei denen der Haptik-Faktor häufig eine große Rolle spielt, erhofft sich der stationäre Handel dadurch einen Kosten- und Servicevorteil gegenüber rein online basierten Shops.[lxviii]

Nochmals zur Erinnerung: Dieser Wandel findet nicht etwa statt, weil die Marketingabteilungen der Möbelhäuser dies in einem Brainstorming Meeting einfach nur als gute Idee empfunden haben — Nein, es waren die Konsumentinnen und Konsumenten, die den Druck für die klassischen Möbelanbieter erhöht haben, indem sie zunehmend online einkauften und die Möbelhändler damit zum Umdenken bewegt haben!

Veloce

Ein Unternehmen, das dem stationären Handel einen Vorteil verschaffen möchte und zwar einen Zeitvorteil, Vorteil verschaffen möchte und zwar einen Zeitvorteil, ist veloce.at. Der Kurierdienst beschäftigt österreichweit rund 200 Kuriere, die mit Rad, Pkw oder Lkw unterwegs sind und Produkte direkt aus einer Händlerfiliale zum Kunden zustellen. Und das in weniger als 90 Minuten! Ein Service, mit dem der Onlinehandel es schwer hat, mitzuhalten. Wer den nächsten Roman seines Lieblingsautors also schon am Tag der Erstveröffentlichung in Händen halten möchte, aber dafür keinen Schritt aus dem Haus tun will, weiß nun, wie er drankommt. Als wäre dieser Service noch nicht aufregend genug, arbeitet veloce sogar klimaneutral und liefert auch abends und am Wochenende.

Espresso Book Machine

Eine weitere Innovation, die es zwar schon einige Zeit gibt, aber die vor allem die Regeln des Buchmarktes noch gehörig durcheinander bringen könnte, ist die Espresso Book Machine. Dabei handelt es sich um ein Gerät, das etwa so viel Platz braucht wie zwei große Stand-Kopiergeräte und damit in jeden Buchladen passt. Der Computer dieses Wunderwerks hat Zugriff auf die Daten von mehreren Millionen Büchern. Leser können über einen kleinen Bildschirm den Titel ihres gewünschten Buches eingeben und die Produktion starten, um danach eine Tasse Espresso trinken zu gehen. Noch bevor diese ausgetrunken ist, wurde das gewünschte Buch von der Espresso Book Machine direkt vor Ort produziert. Auch dies stellt eine Innovation dar, um beispielsweise unabhängigen, kleinen Buchhändlern wieder einen Zeit- und Servicevorteil gegenüber dem Online-Buchhandel zu verschaffen und vielleicht ja ganz nebenbei auch noch eine Kaffeesparte aufzubauen.

Mietbox in der Beadbox

Bei der Beadbox handelt es sich um einen Schmuckladen inmitten der Salzburger Altstadt, der sich speziell an Menschen richtet, die nach handgemachten Unikaten und außergewöhnlichen Kreationen suchen.

Das Besondere an diesem Geschäft besteht darin, dass in der Filiale nahe des Mönchsbergs in belebter Lage nicht nur eigene Produkte angeboten werden, sondern kreative Schmuckbastler und Künstler auch Mietboxen in den Regalflächen des Ladens anmieten können. Die unabhängigen Schmuckdesigner können die Boxen monatsweise mieten und haben damit die Möglichkeit, ihre Kreationen einem vielschichtigen und internationalen Publikum zu präsentieren. Während der Mietdauer dürfen die Boxen jederzeit umdekoriert werden und auch Preise können geändert werden. Das Team der Beadbox sorgt für Beratung und Verkauf der Schmuckstücke — alles in allem ein außergewöhnliches Shop-in-Shop-Konzept, das noch unbekannten Designern die Möglichkeit gibt, die ersten Erfolge zu feiern und authentische Rückmeldungen für ihre Produkte zu erhalten.

Hampton Creek

Der Lebensmittel-Hersteller Hampton Creek will es Menschen eigenen Angaben zufolge einfacher machen, das Richtige zu tun. Jeder sollte die Möglichkeit erhalten, köstliche Lebensmittel zu essen, die gesünder sind, nachhaltig hergestellt werden und dabei dennoch leistbar bleiben. Dabei verzichtet Hampton Creek beispielsweise auch auf Eier in seinen Mayonnaisen oder Keksen und macht Legebatterien damit unnötig. Überraschenderweise schmecken die Lebensmittel des Herstellers genauso wie das Original. Bei der Konzeptionierung seiner Produkte bedient sich Hampton Creek modernster IT und greift auf eine der größten Pflanzen-Datenbanken der Welt zurück. Für sein Produkt *Just Mayo* etwa hat Hampton Creek die Inhaltsstoffe von rund 1.500 verschiedenen Pflanzen ausgemacht, um schließlich 11 zu finden, die für die Herstellung eines vollwertigen Mayonnaise-Ersatzes ohne die Verwendung von Eiern verwendbar waren. Kunden des Unternehmens schätzen den authentischen Geschmack und interessanterweise lassen sich die Ersatz-Produkte noch weitaus günstiger herstellen als traditionell hergestellte Lebensmittel. Gleichzeitig bekennt sich Hampton Creek dazu, keine genetisch modifizierten Organismen bei der Herstellung zu nutzen.

Highlandtitles.com

Wer hat nicht schon einmal mit dem Gedanken gespielt, sich selbst einen Adelstitel zu verleihen? Die Organisation rund um Highlandtitles.com befriedigt zwar keinen klassischen Konsumbedarf, hat jedoch einen äußerst kreativen Weg gefunden, um ein wertvolles Naturreservat in den schottischen Highlands zu schützen. Dies wird durch den praktischen Umstand möglich, dass Grundbesitzer und Grundbesitzerinnen in Schottland seit jeher als „Lairds" bzw. Lords und Ladies bezeichnet werden. Wer also ein Stück Land in Schottland besitzt, darf diesen Titel ganz offiziell vorne anstellen. Highlandtitles verkauft daher Grundstücke ab einem Quadratfuß an Käufer aus der ganzen Welt, die sich fortan Lord bzw. Lady nennen möchten. Die auf diese Weise lukrierten Gelder werden verwendet, um das Naturjuwel zu erhalten und zu pflegen.

Bottom-up-Scheckbuchdiplomaten

Oftmals verteufeln wir Geld und vieles, das damit zusammenhängt. Wenngleich man einige Aspekte unseres Geldsystems durchaus überdenken sollte, kann Geld auch ein hervorragendes Werkzeug sein. Man könnte es fast mit einer Gießkanne vergleichen. Wir müssen lediglich jene Stellen gießen, die wir erblühen sehen möchten. Wenn ich von einem Unternehmen, einem Produkt, einer Dienstleistung oder auch von einem Menschen und der Sache, die er oder sie macht, überzeugt bin und mir gerne mehr davon in der Welt wünsche, kann es ein guter Anfang sein, Geld in diese Richtung fließen zu lassen. Denn damit werden eben diese Menschen und Unternehmen sehr gut darin unterstützt, exakt dafür zu sorgen.

Vor Jahren habe ich einmal eine Beraterin kennengelernt, die eine spezielle Art von Lebensberatung anbietet. In einer Phase, in der es mir schlecht ging, konnte sie mir durch Gespräche und einige Techniken sehr gut auf meinem Weg helfen und hat dafür nicht einen

Cent verlangt. Erst später hatte ich die Möglichkeit, ihr Geld dafür zukommen zu lassen. Und genau dies hat sie zu ihrem Arbeitsmodell gemacht. Menschen, die ihre Beratung mitunter gar nicht in Anspruch nehmen, können ihr Geld zukommen lassen, damit sie auf diese Weise anderen Menschen helfen kann, die sich die Beratung womöglich nicht leisten können. Also eigentlich ein Finanzierungsmodell, wie es all die großen Wohltätigkeitsorganisationen seit Jahren leben. Nur auf eine andere Ebene gebracht.

Ähnlich geht DreamAcademia vor, die sich der Traumentwicklung verschrieben hat. Mit mittlerweile über 8 Jahren Erfahrung haben sie sich zu wahren Traumexperten entwickelt und wissen, wo oftmals die größten Hindernisse liegen, wenn es darum geht, wenn Menschen ihre Träume realisieren möchten; und welche Hilfsmittel und Methoden dabei helfen können, diese zu überwinden. Seit über 8 Jahren hat DreamAcademia allerdings auch kein Geschäftsmodell. Denn es war nie Ziel, ein Geschäft damit zu machen. Gelebt wird eine Philosophie des absichtslosen Gebens. Wem die Stunden des Dream Development geholfen haben oder wer der Meinung ist, dass Traumentwicklung Platz in der Welt haben sollte, kann auch dieser Organisation Geld oder andere Potenziale zukommen lassen, um auch für die Zukunft dafür zu sorgen, dass diese Menschen Träumern auf ihrem Weg helfen.

Wir sollten uns wirklich gut überlegen, wofür wir unser Geld ausgeben möchten. Wenn es da etwa einen Musiker gibt, der nicht nur Lieder singt, sondern sich z.B. auch politisch engagiert oder sich öffentlich für die Werte einsetzt, die uns ebenfalls wichtig sind, sollten wir vielleicht schon alleine deshalb sein Album kaufen. Denn dies wird ihn noch mehr dazu in die Lage versetzen, genau das zu tun, was er in sich spürt.

„Achte darauf, dass es den Menschen in deiner Umgebung gut geht und es wird dir gut gehen.“

Leider konnte ich nicht herausfinden, von wem dieser Satz stammt, doch ich denke, da ist etwas dran. Wenn wir zuerst darauf achten, dass die Menschen und Unternehmen in unserer direkten Umgebung die Unterstützung erfahren, die sie brauchen, wird sich dies auch positiv auf uns selbst auswirken. Vielleicht auch ein Grund für die vielen Gemeinde- und Regionalwährungen, die speziell im deutschsprachigen Raum so beliebt sind..?

Unter dem Eindruck der Finanzkrise wurden in vielen Ländern Alternativen zu klassischen Bankhäusern gegründet. So genannte Ökobanken haben häufig nicht nur das Ziel, ausschließlich in umweltgerechte und nachhaltige Anlagen zu investieren, sondern sind häufig als Genossenschaften organisiert und möchten ihren Mitgliedern und ihrer Kundschaft ein größeres Mitspracherecht bieten. Der Wechsel zu einer solchen Bank ist einfach, sofern eine solche in dem Land, in dem man lebt, verfügbar ist. Das geht viel schneller als darauf zu warten, dass die behäbigen Mühlen der Politik sich in die richtige Richtung bewegen und den Finanzsektor wieder zu etwas machen, das allen Menschen dienen soll.

Was wir brauchen, sind Leute, die Neues ausprobieren möchten und Leute, die bereit sind, diese neuen Ideen zu unterstützen. Es ist so vieles möglich und manchmal habe ich den Eindruck, als lernten wir mit jedem Tag ein Stück mehr, wie sehr wir es in der Hand haben und wie einfach es doch ist, unsere Welt zu gestalten. Indem wir beispielsweise Dinge anders angehen als bisher und die vorhandenen Möglichkeiten nutzen. Vielleicht genügt eine Veränderung der Perspektive, um neue Dinge auszuprobieren und gleichzeitig Altbewährtes in neue Form zu bringen.

Es ist beispielsweise kurios, dass 40-Kilo-Zementpakete in Papier verpackt sind, 500 Gramm Erdbeeren aber eine Plastikverpackung „benötigen". In diesem konkreten Fall konnte ich noch kaum Alternativen im Supermarktregal entdecken und alternative Anbieter sind rar gesät. Aber das heißt nicht, dass sich eine Alternative nicht dank

Unterstützung unzähliger Scheckbuchdiplomatinnen und -diplomaten hervorragend entwickeln könnte, sofern sie angeboten wird. Schon in anderen Sektoren sind Dinge auf diese Weise geschehen, die für viele als undenkbar galten. Dazu möchte ich noch gerne das Beispiel von Mein-Grundeinkommen.de nennen.

Die Idee eines bedingungslosen Grundeinkommens wird seit Jahren diskutiert. Ein bedingungsloses Grundeinkommen würde allen Bürgern unabhängig von ihrem Alter, ihrer Ausbildung oder sonstigen Faktoren monatlich ausbezahlt, um ihnen die Grundversorgung zu bieten, damit sie ein würdevolles Leben leben können. Befürworter dieses Modells erwarten sich, dass wir dadurch insgesamt zu einer glücklicheren und faireren Gesellschaft heranwachsen. Beispielsweise, weil Menschen dadurch den Freiraum erhalten, sich den Dingen zu widmen, für die ihr Herz tatsächlich schlägt und sie nicht einen Job annehmen *müssen*, der ihnen keine Freude macht, nur weil sie das Geld brauchen, um lebensnotwendige Kosten zu decken. Die Politik hat bisher kaum Anstalten gemacht, dieses Thema ernsthaft anzudenken, geschweige denn, zu diskutieren.

Michael Bohmeyer, dem Gründer von Mein-Grundeinkommen.de war das ziemlich egal. Er ahnte, dass es noch andere Möglichkeiten gab, um das Experiment Grundeinkommen in einem ersten Schritt in eine praktische Testphase zu bringen. Sein Ziel war es, einer Person ein Jahr lang monatlich 1.000 Euro bedingungslos zur Verfügung zu stellen und zu beobachten, wie diese Person damit umgeht bzw. wie sich das Leben dadurch verändert oder auch nicht. Also wurden 12.000 Euro benötigt, für die eine Crowdfunding-Kampagne gestartet wurde.

Das Thema bewegte offensichtlich viele. Innerhalb kurzer Zeit wurde das erste Grundeinkommen für ein Jahr von der Community finanziert. Doch damit nicht genug. Die Kampagne wurde überfinanziert. So entstand ein zweites Grundeinkommen, dann ein drittes, ein viertes... Tausende von Menschen wollten sehen, wie das Experiment Grundeinkommen Wirklichkeit wird und steuerten daher ihre hart verdienten Euro bei. Zum Zeitpunkt der Entstehung dieses Buches lässt mein-grundeinkommen.de verlautbaren, dass das nächste Ziel *100 finanzierte Grundeinkommen heißt.*

Um dieses Ziel zu erreichen, wird auf eine geschickte Software-Unterstützung gesetzt. Die so genannte Crowdbar, mit der Grundeinkommen-Fans das Projekt unterstützen können, ohne dafür direkt Geld auszugeben. Die Crowdbar lässt sich als Browser-App auf dem Computer installieren und erscheint immer dann, wenn man bei Online-Shops einkauft, die die Crowdbar unterstützen. Von jedem Einkauf, der getätigt wird, fließen einige Prozent des Einkaufswertes dem Projekt

Grundeinkommen zu. Kunden, die einfach nur ihre Einkäufe online erledigen oder auch eine Reise buchen, können also gleichzeitig Mein-Grundeinkommen. de unterstützen, ohne auch nur einen Cent mehr zu bezahlen. Wie cool ist denn das bitteschön!!?[lxix]

ALLES NEUE BRAUCHT EINEN ANFANG.

Die Beispiele an mutigen und neuartigen Unternehmungen, die in diesem Buch dargestellt wurden, zeigen nur einen kleinen Ausschnitt dessen, was es schon heute in der Welt gibt. Es soll deutlich machen, was alles möglich ist, wenn wir die Art und Weise, wie wir Produkte, Geschäftsmodelle, Technologie und unsere eigene Geldbörse sehen, nur ein wenig verändern. Zu Anfang braucht es immer die Pioniere, die Willigen, die Regelbrecher und auch diejenigen, die nur kleine Veränderungen an eingefahrenen Strukturen vornehmen und damit neue Möglichkeiten schaffen. Diese Möglichkeiten werden später auch von anderen Menschen in Anspruch genommen werden. Sie unterstützen damit diese neuen, noch kleinen Strukturen, lassen sie wachsen und tragen mit ihren Käufen dazu bei, sie zu etablieren.

OCCUPY this
SUPER MARKET

Der Titel dieses Buchs mag suggerieren, dass es darauf abzielt, gegen die etablierten Player am Markt vorzugehen. Doch wer genauer hinsieht, entdeckt, dass dies nicht unbedingt zutrifft.

Die Occupy-Bewegungen der vergangenen Jahre mögen dies nahelegen; Diese Ansicht rührt vielleicht daher, dass es bei vergangenen Demonstrationen der weltweiten Occupy-Bewegung, nicht immer, aber in einigen Fällen, zu gewaltsamen Szenen gekommen ist, spätestens, wenn es zum Zusammentreffen mit der Exekutive gekommen ist und diese Ereignisse in den Medien oft als ein Zusammentreffen der einfachen Bürger gegen Regierungen oder Großkonzerne erscheinen mögen.[lxx] Worauf die Bewegungen eigentlich abzielen und was das Wort "Occupy" genau bedeutet, wird klar, wenn man dem Ursprung dieses Begriffs nachgeht.

Occupy bedeutet Okkupieren. In der Geschichte der Menschheit sind Okkupationen zwar meist mit Hilfe von militärischen und gewaltsamen Mitteln vor sich gegangen, doch dies lenkt leider davon ab, dass die Okkupation sich auch anders deuten lässt und die militärische Intervention lediglich eine Ausformung davon sein kann. Der Wortstamm *occupare* bedeutet *sich einer Sache bemächtigen*.[lxxi] Bei einer Okkupation findet also ein Machtwechsel statt. Das bedeutet also die Absetzung einer Machtinstanz in einem bestimmten Gebiet und ihre Ablösung durch eine andere, eine neue Entscheidungsmacht.

Es geht also nicht etwa darum, die derzeit etablierten Marktstrukturen vollkommen abzuschaffen. Zumal vieles davon sehr gut funktioniert und zum besseren Leben von Milliarden Menschen beiträgt oder beitragen könnte. Es geht lediglich darum, die Entscheidungsmacht wieder ausgeglichener zu gestalten.

Der Markt gehört den Konsumentinnen und Konsumenten. Die meisten sind sich dessen lediglich nicht mehr bewusst.

Wir entscheiden! Jeden Tag!

NOCH AUF EIN WORT...

Mit diesem Buch hoffe ich, ein wenig den Blick auf unsere Handlungen und deren Auswirkungen zu schärfen und uns stärker bewusst zu machen, welche Auswirkungen unsere Handlungen haben können.

Es ist keine Kampfansage an Supermärkte und keinesfalls eine Anweisung, nicht mehr in den Supermarkt oder in Einkaufszentren zu gehen. Supermärkte haben unsere Art einzukaufen revolutioniert, unser Leben bereichert und es wird sie sicherlich noch viele Jahre geben. Wahrscheinlich wird ihre Rolle für unsere moderne Gesellschaft noch stark unterschätzt. Wichtig ist allerdings, dass wir mitentscheiden, wie sie funktionieren und was in den Regalen steht.

Was uns zur Verfügung steht, ist ein globaler Super-Markt mit unzähligen Angeboten, Optionen und Möglichkeiten, wie ihn unsere Vorfahren niemals auch nur ansatzweise erahnen konnten. Wir denken viel zu selten darüber nach, wofür wir unser Geld ausgeben und was wir damit bewirken. Wir lassen uns oft erzählen, dass wir keine Macht hätten und unsere Taten keine Auswirkungen hätten. Doch die Wahrheit ist, dass alles Folgen hat und wir diese Folgen nur nicht sehen können, weil sie oft räumlich und zeitlich getrennt von unseren Handlungen und Entscheidungen auftreten.

Es wird auch weiterhin Situationen geben, in denen Menschen auf die Straßen gehen müssen, um einen Wandel herbeizuführen, ihre Rechte durchzusetzen und die Politik und mächtige Konzerne zum Umdenken zu bewegen. Zum Beispiel dann, wenn auf politischem Wege eingeschränkt werden soll, was wir zukünftig kaufen oder nicht kaufen dürfen. Aber wir müssen uns auch darüber im Klaren sein, dass bereits weit früher, noch bevor solche Demonstrationen überhaupt notwendig werden, wir es bereits in der Hand haben, den Schalter umzulegen. Wir haben schon mit einfachen Mitteln die Möglichkeit, alternative Strukturen aufzubauen, schon wenn nur jeder einen kleinen Teil beiträgt — denn wir sind viele.
Wir haben die Möglichkeit, diese neuen Strukturen effizienter und attraktiver zu machen als bisherige Angebote und Systeme, sodass diese obsolet werden, sobald die Nachfrage dafür verschwindet. Wir haben die Möglichkeit, unsere Welt nach unseren Vorstellungen zu gestalten. Lasst uns nicht vergessen, dass wir täglich unsere Stimme dafür abgeben können. Lasst uns den Blick dafür schärfen, welche Produkte uns tatsächlich dienen und welche nicht.

Nicht überall werden wir sofort Veränderungen sehen, aber einiges wird Vorbildwirkung haben und dies wird wiederum neue Folgen mit sich bringen und auf andere Menschen Wirkung zeigen. Einen großen Teil der Menschen wird diese Botschaft nicht direkt erreichen können. Sie werden sich keine Gedanken machen, auch wenn es vielleicht eigentlich in ihrem Interesse läge. Doch einerseits werden sie ihre Handlungen unbewusst an die anderer anpassen, andererseits gilt es vielleicht auch eher, die Unternehmen zu beeinflussen.

Vielleicht denken einige, wir wären zu wenige, um etwas zu verändern. Doch um eine Industrie zu beeinflussen oder zu stören, ist es nicht notwendig, alles zu verändern. Kleine Veränderungen sind bereits ausreichend und können manchmal auch Großes bewirken.
Und wenn es nur dazu dient, die Alternativen offen zu halten. Denn es ist auch an uns, Monopole zu verhindern und einen vielfältigen Markt zu erhalten.

Hinzu kommt, dass nur ein kleiner Teil der Menschen Initiatoren sind. Das bedeutet, dass diese Menschen eine enorme Wirkung auf ihr Umfeld haben und der Rest der Gesellschaft, der sobald sich eine kritische Menge an Menschen findet, die neue Wege geht, automatisch folgen wird. Denken wir nur daran, wenn neue Kult-Produkte zu Anfang nur von so genannten Early

Adopters zum ersten Mal genutzt werden und erst später von den unzähligen Menschen gekauft werden, die auf diese Erstnutzer blicken.

Gehen wir nach dem Pareto-Prinzip, reicht es aus, wenn 20% der Konsumentinnen und Konsumenten die eigenen Käufe überdenkt, damit auch die restlichen 80% automatisch folgen werden.

- Gründet Alternativen, wo es noch keine gibt.
- Helft Unternehmen, wirtschaftlicher zu arbeiten, indem sie das Richtige tun.
- Nutzt Technologie zur Vernetzung und Schaffung von Markttransparenz.
- Vertraut eurem Bauchgefühl.
- Schafft euch Regeln, die einfach zu befolgen sind.

Erinnern wir uns daran, dass all unsere Entscheidungen Auswirkungen haben, auch wenn wir diese nicht immer klar sehen können.

„Ein Baum, der fällt, macht mehr Lärm, als ein ganzer Wald, der wächst."

Tibetische Weisheit

Nachtrag:

Was sind die richtigen Entscheidungen?

Ganz ehrlich: Ich weiß es nicht. Denn es bedeutet mit Sicherheit für jeden etwas anderes. Das richtige Bauchgefühl ist wichtig. Eine Mischung zwischen rational und emotional. Es gibt keinen Guide, keine Anleitung. Doch ich bin bereit, die Diskussion zu starten. Ich hoffe, dieses Buch regt dazu an. Jeder ist willkommen, Ideen, Konstruktives, Erfahrungen und positive Beispiele mit einzubringen. Kommentiert oder tragt eure Informationen bei unter www.occupysupermarket.com

Verweise

i http://www.zeit.de/auto/2013-02/autokauf-emotionen

ii https://www.youtube.com/watch?v=41mi9igl5Kk

iii http://www.weltagrarbericht.de/themen-des-weltagrarberichts/hunger-im-ueberfluss.html

iv http://de.wikipedia.org/wiki/Welthunger

v http://www.wienerzeitung.at/themen_channel/wirtschaftsservice/konsum_und_gesellschaft/594736_Lebensmittel-fuer-den-Muell.html

vi Ausgehend vom Landwirtschafts-Potenzial für 12 Mrd. Menschen.

vii http://de.wikipedia.org/wiki/Agrardumping

viii http://de.wikipedia.org/wiki/Sojabohne

ix http://www.tagesschau.de/ausland/kenia-lebensmittelexporte-101.html

x http://www.ted.com/talks/graham_hill_weekday_vegetarian

xi http://www.worldwatch.org/files/pdf/Livestock%20and%20Climate%20Change.pdf

xii http://www.plasticskills.com/htcms/de/plastik---die-fakten.html

xiii http://edition.cnn.com/TRANSCRIPTS/1003/31/ampr.01.html

xiv http://www3.uni-bonn.de/Pressemitteilungen/099-2013

xv http://www.wiwo.de/finanzen/steuern-recht/steuerflucht-wie-die-oecd-legale-steuertricks-bekaempfen-will/10709024.html

xvi https://www.youtube.com/watch?v=zVFZ4Ocz4VA

xvii http://de.wikipedia.org/wiki/Centennial_Light

xviii http://www.youtube.com/watch?v=MFUt1iGxPvE

xix Was leider oft auch die Finanzierung von Waffen bedeuten kann, doch dies ist ein Thema, das den Rahmen dieses Buches gesprengt hätte.

^{xx} http://data.worldbank.org/indicator/NE.CON.PRVT. CD?order=wbapi_data_value_2013+wbapi_data_ value+wbapi_data_value-last&sort=desc

^{xxi} http://en.wikipedia.org/wiki/Pornographic_film#cite_ note-2013Industry-31

^{xxii} http://www.parkingtoday.com/articledetails.php?id=1600

^{xxiii} http://de.statista.com/statistik/daten/studie/182422/umfrage/ prognose-zum-weltweiten-umsatz-mit-tablet-pcs/

^{xxiv} http://de.wikipedia.org/wiki/Opium#Geschichte

^{xxv} Übrigens habe ich in der Zwischenzeit auch entdeckt, dass einige Märkte Joghurt in Gläsern führen und auch Trinkjoghurt oder Buttermilch in einer FSC-Mix-Verpackung zumindest eine halbwegs akzeptable Alternative darstellen können.

^{xxvi} Oder anders verwendet wurde

^{xxvii} Auch der Rewe-Konkurrent Spar startete Unterschriftenaktionen gegen das TTIP-Abkommen und hat bis heute mehrere Maßnahmen ergriffen, um Abfälle in seinen Supermärkten zu reduzieren. http://www.spar. at/de_AT/index/nachhaltigkeit/nachhaltige_produkte/ lebensmittel_sind_kostbar/abfallreduktion.html

^{xxviii} http://de.wikipedia.org/wiki/Tschisi

^{xxix} http://www.wds7.at/2013/02/niemetz-schwedenbomben-ueberlebt-insolvenz-mithilfe-von-facebook-nutzern/

^{xxx} https://en.wikipedia.org/wiki/Pink_slime

xxxi http://diepresse.com/home/wirtschaft/international/747315/
Pink-Slime_Was-sich-alles-Fleisch-nennen-darf

xxxii http://en.wikipedia.org/wiki/Pink_slime

xxxiii Pic by Bruno Sanchez-Andrade Nuño, flickr, CC BY 2.0,
https://creativecommons.org/licenses/by/2.0/
https://www.flickr.com/photos/nasonurb/12556730895/

xxxiv http://www.spiegel.de/wirtschaft/unternehmen/
cisco-und-ibm-erleiden-umsatzeinbruch-nach-nsa-
enthuellungen-a-941216.html

xxxv http://www.pc-magazin.de/news/lavabit-offline-e-mail-
edward-snowden-nsa-prism-whistleblower-1532954.html

xxxvi http://extrajournal.net/2013/11/27/vertrauensverlust-durch-
nsa-affaere-maechtige-it-industrie-der-usa-wirkt-angeschlagen/

xxxvii https://www.reformgovernmentsurveillance.com

xxxviii http://fm4.orf.at/stories/1728893/

xxxix http://www.wiwo.de/technologie/digitale-welt/nsa-affaere-
snowden-schadet-den-it-konzernen/10273642.html

xl http://derstandard.at/1361240867128/Macht-des-
Konsumenten-ist-eine-Illusion

xli http://www.brand-trust.de/de/insights/artikel/2013/Marken-
Krise-vergessliche-Kunden.php

xlii Zumal es mittlerweile bereits alternative Antriebe gibt.
„Wasserbetriebene Motorräder auf Pakistans Straßen", welt.
de 05.09.2015 http://www.welt.de/videos/article142480067/
Wasserbetriebene-Motorraeder-auf-Pakistans-Strassen.html

xliii http://www.youtube.com/watch?v=2YBtspm8j8M&app=desktop

xliv allerdings dafür auch Infrastruktur und Produkte nutzen, die anderen Menschen nicht zur Verfügung stehen

xlv http://wko.at/statistik/eu/europa-einkommenarmut.pdf

xlvi www.moas.eu

xlvii http://techcrunch.com/2013/02/05/open-source-death-star-hits-kickstarter-after-government-foolishly-refuses-to-build-one/

xlviii http://de.wikipedia.org/wiki/Charles_Cunningham_Boycott

xlix http://de.wikipedia.org/wiki/Brent_Spar

l Sofern ihr euch vorher selbst ehrlich fragt, wofür ihr euer Geld ausgeben möchtet und wofür nicht.

li http://denmark.dk/de/green-living-de/danische-fahrradkultur/eine-fahrradkultur/

lii http://denmark.dk/de/green-living-de/danische-fahrradkultur/die-kopenhagener-lieben-ihre-fahrrader/

liii http://www.virgin.com/travel/world-first-low-carbon-aviation-fuel-be-developed-virgin-atlantic

liv Oder auch darüber hinaus, denkt man an kostenlose Massagen während des Fluges.

lv http://www.trigema.de/Nachhaltigkeit/

lvi Viu Brillen http://www.tagesanzeiger.ch/zuerich/bellevue/Fuenf-Freunde-mit-Weitblick/story/31329942

lvii https://www.impulse.de/unternehmen/fast-food-trend-wenn-ein-burger-restaurant-25-millionen-dollar-wert-ist

lviii http://www.faz.net/aktuell/finanzen/aktien/boersengang-von-shake-shack-erfolgreich-13401483.html 07.09.2015

lix www.adamah.at

lx Selbstverständlich passiert in Supermärkten nichts auf gut

Glück, sondern jedes Produkt im Regal ist durch Algorithmen und Vergleichsverkaufszahlen gedeckt ebenso wie der Platz, wo es im Regal zu stehen hat, um möglichst gut verkauft zu werden. Dennoch könnte Input von Konsumentenseite Trends aufzeigen, die ansonsten vielleicht übersehen würden.

[lxi] Bootstrapping bezeichnet eine Finanzierungsart der Unternehmensgründung, die gänzlich ohne externe Finanzierung funktioniert. www.gruenderszene.de / lexikon/begriffe/bootstrapping

[lxii] http://wirtschaftsblatt.at/home/meinung/gastkommentare/1571714/Share-Economy-oder-das-Ende-der-Konsumgesellschaft

[lxiii] Ich sage nicht, dass es unmöglich ist, aber auch nicht, dass das ein lohnendes Ziel wäre.

[lxiv] fotolia.de / dragonstock

[lxv] Aus einer anderen Perspektive könnte das Richtige sein, das Leben zu genießen, im Privatjet um die Welt zu tingeln und nicht an irgendwelche Folgen zu denken. Auch das kann richtig sein. Eben nur aus einer anderen Perspektive. Entscheidungen sind wie wir sehr individuell und haben viel mit unseren Erfahrungen, Werten und Zielen im Leben zu tun. (Und natürlich auch mit unseren finanziellen Möglichkeiten bzw. dem gesellschaftlichen Hintergrund)

[lxvi] Obwohl es natürlich jenen möglich sein sollte, die es möchten.

[lxvii] http://derstandard.at/1399507766552/Entweder-man-fuehrt-Krieg-oder-man-aendert-sich

[lxviii] http://www.focus.de/immobilien/wohnen/trotz-krise-auch-

fuer-russland-ikea-plant-weltweit-preissenkungen-fuer-staerkeren-umsatz_id_3808152.html

lxix Auf ähnliche Weise funktioniert übrigens auch shopplusplus.at. Angemeldete Mitglieder kaufen dabei in Internetshops ein wie immer, ein Teil ihres Umsatzes fließt allerdings an gemeinnützige Vereine und Organisationen. Ohne Mehrkosten für die Käufer.

lxx Wobei alle ihre Vertreter ebenso Bürger sind und viele von ihnen vielleicht sogar mit der Bewegung sympathisieren, doch ihnen ihr Job eine andere Rolle zuweist. Mich hat diese Teilung unserer Gesellschaft in Gruppen immer schon gestört und ich hoffte, wir hätten diesen Punkt in unserer menschlichen Entwicklung bereits überwunden.

lxxi http://de.pons.com/übersetzung/latein-deutsch/occupare